给学生无限可能

细说美国教育

方帆——著

中国人民大学出版社
·北京·

CONTENT

目 录

第三章 美国学生的真实生活

第四章 中国教育要向美国学习什么

第六章 我眼中的中国教育

自序

Preface

一个普通的星期天上午，阳光灿烂，在旧金山的明星高中洛厄尔高中（Lowell High School）的科学楼里，一大群穿着脏兮兮的衬衣、牛仔裤的青少年进进出出，他们的手里都捧着或者扛着各种纸箱或工具箱。原来，加利福尼亚州（以下简称“加州”）高中生机器人大赛的第二轮比赛正在这里举行，来自加州各地的高中团队，即将在这里拿出各自设计组装的机器人，在规定的时间内完成规定的比赛任务。

在相隔五公里的一座山顶上，旧金山另外一所明星高中林肯高中(Lincoln High School)的生物技术实验室里面，一组穿着白大褂的学生正坐在一起争论着什么。他们也是准备参加机器人大赛的，不过，他们即将参加的是一种特殊的机器人比赛——国际基因工程机器设计大赛。他们用来参赛的材料不是钢铁、塑料、线路板，而是一份 DNA 样本。林肯高中代表队曾经在国际基因工程机器设计大赛中作为唯一的中学生团队，打败了哈佛大学、斯坦福大学、麻省理工学院、剑桥大学、北京大学等世界名牌大学代表队，获得了世界冠军。在他们身边“旁听”的，是他们的导师，来自加州大学旧金山医学院的著名教授。

在林肯高中对面的街道上，有一个女中学生手里拿着一块白纸板，正挨家挨户按门铃："您好！我是第四区市议员汤凯蒂的助理杨思思。我在做居民调查，您可以回答我们一个关于市政的问题吗？……"

心理学家发现，当人们遇到了他们认知领域里面不存在的概念时，首先要做的，是在认知领域里面寻找相似、相近的东西，看能不能套上去，解释新遇到的概念。来自中国的学者和教育界人士，在看到美国教育中以上这几个情境时，往往无法从自己对"教育"的认知中找到相似的概念，于是，只好特别为美国教育这种独特的现象创造了一个叫作"素质教育"的新名词。

大部分中国教育界同人可能没想到的是，美国并不存在中国人想象中的"素质教育"，美国的教育哲学里也没有强调要对学生进行任何"素质教育"。中美教育的最大不同，在于美国的基础教育并不强求教育如同生产线一样，把所有学生都培养成一模一样的人，然后送往唯一的独木桥——高考。美国教育希望给予学生无限的可能，让每一个人将来都成为一个独特的人才。美国教育的活力，就在于给予学生无限的空间，让每一个学生都有能让自己脱颖而出的一条金光大道，一片小小的沃土。

大部分第一次到美国考察的中国教师，都会对美国不同学校的上课时间表有如此巨大的差异感到难以理解：即使是同一个城市、同一个年级，不同学校的上课时间表竟然可以是完全不同的。

例如，星期三这一天，十年级的学生，A 高中只上三节课，每节课 98 分钟；B 高中却上六节课，每节课 53 分钟；C 高中竟然上 14 节课，每节课 27 分钟……

再看课程，那就更精彩了：虽然 A、B、C 三所高中都开了生物、物理和化学课，可是 A 高中还多开了 AP（Advanced Placement，大学预修课）生物、AP 物理、海洋科学、生理学、生物技术及 AP 环境科学课程。B 高中跟 A 高中大部分科学课都一样，却没开设海洋科学和 AP 物理课程，而开设了天文学课程。C 高中跟 A 高中一样，但多开了 AP 化学和 AP 电脑科学课程……这些课程，并不是课后兴趣班，每一门课都是主课，跟学生将来上什么样的大学有着密切的关系。

美国的公立教育是真正的全社会都参加的教育：无论是大学、科研机构，还是政府机关、私人企业，都“开门办学”，让公立学校的学生们可以走进来，亲身体验工作和研究的乐趣。同时，广大的公私机构还通过捐款和各种合作方式，影响着公立教育的取向。正因为不同个人、不同机构对公立教育的期望不同，才给了美国学生个人发展的无限可能，才有了今天丰富多彩的美国教育。

十年磨一剑，距离上一本书的出版已经十年。感谢吴法源先生和源创图书的编辑们关注我。希望这本小书的出版，能让大家对美国教育如何给予学生无限可能，有更深刻的理解。

第一章

美国的公立高中如何管理学生

美国中学真的取消班级了吗

美国绝大部分中学是实行“走班制”的：老师不动，学生到老师所在的教室上课。中国有不少学校也在进行走班制的实验，比如，北京十一学校、北京大学附属中学等。不少准备开始实施走班制实验的学校的校长和老师们自然会产生各种各样的问题：美国为什么要实行走班制？走班制适合中国国情吗？

即使是正在实行走班制的学校，大家也有不少问题。例如：美国中学是否都没有固定的班级？处于中学阶段的孩子也是非常需要情感支持的，走班制很难让老师和学生、学生和学生之间建立比较稳固的情感联结。而且，中国以往的那种集体的温暖似乎也丢失了。这样的说法有道理吗？采取这样的管理方式的初衷是什么？利弊分别有哪些？

要回答上面的问题，我们先要了解：为什么美国的小学不实行走班制，但是中学却实行走班制了。

美国的小学绝大部分是一个老师教一个班，学生全天都待在一个教室里。让一个老师教所有的科目，这是历史造成的，结果变成了一个传统，大家都不想变了。

但是，美国的中学就不同了。因为美国没有类似中国高考那样的东西，学生在中学毕业以后有不同的选择：不读大学，直接工作；读两年制社区大学；读职业训练学校；读普通州立大学；读本州重点公立大学；读私立大学……选择不同，在高中阶段的准备是完全不一样的。另外，美国有不少大学的招生是跟专业学习紧密挂钩的，一个总成绩很好的学生，假如在高中上的课跟所报的大学专业没什么关系，很可能输给一个总成绩比他差，可是专业课程的成绩很出色的学生。因此，我们现在明白了，美国中学要实行走班制，是跟美国的大学自主招生制度密切相关的：有什么样的大学招生制度，就有什么样的高中上课制度。假如美国实行类似中国那样的高考招生制度，相信美国的走班制也没法建立起来。

那么，美国中学真的取消班级了吗？当然不是！美国中学里都有一个房间叫“家房”（homeroom），有的地方也叫“咨询室”（advisory）。这个房间就是学生的“母班”了。在很多中学，学生每天要先去一次家房，然后再到不同的教室上不同的课。

家房是按照年级来划分的，每一个年级会有若干个家房，每一个家房都有一个家房老师（homeroom teacher）。因为家房也是学校的一个普通教室，因此家房老师通常就由使用这个教室的老师担任。（美国中学没有专门的教师办公室，使用某个教室的老师，教室就是他的办公室。）

那么，家房有什么用呢？

首先，家房提供了一个稳定的情感联结地：在整个中学阶段，同一个家房的学生都在一起度过在家房里的时间，因此，从某种意义上讲，家房跟中国的班级是一样的。家房老师虽然不像中国的班主任那样什么都管，但也会负责一些事务性工作，比如，分发本年级的重要通知，派免费午餐表，发课程表，发锁柜密码，发学校 Wi-Fi 密码，代收作业等。此外，还会对一些经常旷课和学习成绩不好的学生给予特别的关照。

其次，家房提供了一个同年级学生聚在一起的机会。在美国，学生的统考成绩是决定学校排名的重要指标，也是决定某个学区房价的重要指标，因此，统考是非常受校长重视的。统考是在家房里面进行的，同一个年级的学生因此有机会在这里碰面。

再次，美国的学生会成员是学生一人一票选出来的，竞选和投票都发生在家房里。同时，每一个学年快结束的时候，年级顾问还会到每一个家房去指导学生选课、填课表。

因此，美国中学虽然实行走班制，但是因为家房的存在，学生们仍能通过家房建立班级的联系纽带。而家房的设置，既能让学生根据自己的水平和毕业以后的计划选择不同的课，又能让学生通过家房获得班级的稳定情感联系，兼顾了集体温暖和自我管理能力培养，非常值得中国准备或正在实行走班制实验的学校学习。

美国初中和高中之间的巨大鸿沟是如何填平的

有人曾问过我两个问题：一是为什么美国人不对小学和初中的学生提出夯实基础的要求？二是美国学生的基础那么差，到了高中，学校提出的要求那么高，他们怎么学得会？

美国学生的学术基础差，尤其是数学基础差，是由美国的教育制度决定的。因为美国的小学是没有分科老师的，一个老师教一个班的所有科目，全天都在一个教室里面对着一个班的学生。因为教师的工资不高，天底下也很少有文理科都十分优秀的全能人才（真有这样的人当然也不会去教小学），所以，小学教师很难把全班学生每一科都教得很出色。绝大部分美国小学教师是读文科出身的，对于数学和科学并不擅长。所以，美国学生里上初中时连分数加减都不会的，比比皆是。

虽然美国的大部分初中是分科教学，开始有英语老师、数学老师、科学老师之分了，可是大部分地区的教师执照是允许小学教师执照的持有者教初中的。也就是说，美国初中里仍有不少数学、科学老师很可能还是读文科出身的，他们只会照本宣科，根本就谈不上给学生打下坚实的基础。相比英语教育，美国小学及初中的数学和科学教育要差很多。

那么问题就来了：美国的高中是向大学要求看齐的，美国的大学非常牛，这我们都是知道的。一堆初中时还什么都不懂的学生，到了高中怎么能跟得上？怎么能一下子学那么深的东西？

答案很简单：美国高中并不要求所有的学生都上同样的课。美国高中是采取学分制的，所以，学生有根据自己的程度选课的自由。比如，学生要在高中读三年的科学课才能毕业。基础好的学生可以第一年学不需要什么基础、只要阅读能力强就行的生物，然后第二年学化学，第三年学物理。（美国的高中物理课本一上来就要用三角函数，很快就要用微积分解题，基础不好的学生刚上高中时当然不能学物理。）那些基础差的学生也有办法，比如，他们没法上普通的物理课，但他们可以上概念物理课。美国高中的“概念物理”难易程度比中国初二的物理还要低，基本就不需要用数学来解题，那些四则运算都不懂的学生，也能靠着读“概念物理”之类的课程，从高中毕业。

所以，美国的高中随随便便就能开出一百多门课，以适应不同学生的需要。在一所美国公立高中的教学大楼里面漫步，我们可以发现某个教室的学生正在用积木学习如何做十以内的加减法，可是隔壁的教室里正在讲偏微分方程（高等数学中的一种方程）；另外一个教室的学生在讨论纳撒尼尔·霍桑的小说里面的文学元素，而隔壁的教室里的学生在学 26 个英语字母（他们可能是新移民过来的学生，一点儿英语都不会）。从小学程度的课到大学程度的课，都在高中共存，学校采取分班教学，尽量不出现把程度不同的学生放在一个班学习的情况。另外，美国还存在不同类型的重点高中。例如，以学术成绩为考核标准的重点高中，只有那些学术大牛们才能考进去，不存在学生基础差的情况。此外，还有以艺术天赋为重点的高中，以手工劳作为重点的高中，等等。不同类型的重点高中专门培养不同的人才，不会让所有人都必须学习同样的东西。

有人可能要问：美国初中的教学质量那么糟糕，学生基础那么差，那些天才和大牛人是从哪里来的呢？

答案是：美国的初中和小学并不要求学生掌握超高的学术能力，可是，对于天才学生，却有一套机制让他们出头并加以培养。美国大部分地区都有 GATE（Gifted and Talented Education，天才教育）课程计划，政府专门拨款给学校，让那些学有余力的天才学生学习超出他们所在年级难度的东西。这些人到了高中，便成为读那些艰深课程的大牛了。社会上本来就不需要人人都成为超一流的数学家和科学家，但是，假如学生从小有学习的潜质，美国的教育制度也不会忽略他们，肯定有一套机制培养他们成长。

学以微积分为基础的普通物理的高中生，跟基本不需要用数学的学概念物理的高中生，差别实在太大了！因此，美国大学在招生的时候，一定要考查申请人在高中究竟读了什么课程，这些课程是否具备相应的难度，甚至还要看该学校提供了多少种不同的课程（包括大学程度的大学预修课程）供该学生选择，而并不只是看平时的总成绩就行了。这样，就形成了一套机制来保证中小学的这种教育制度可以与大学相匹配和适应。

综上所述，美国高中和初中以下教育之间的巨大鸿沟，是通过提供同一科目不同要求的课程以及多元化的选修课来填平的。这既能满足国家全面提供免费义务教育的基本需要，让大部分学生能进入普通大学或者社区大学深造，又能让天才学生、能力强的学生有机会出头，进入超一流的大学继续挑战自己，成为学术精英。

美国高中的性教育课程包括哪些内容

美国高中的性教育课程是“健康教育”这门必修课里面的一部分。美国高中的性教育课程包括以下几部分内容。

（1）学生在青春期心理和生理上的改变：这一部分内容中国的读者应该非常熟悉，因为中国的生理卫生类课程都包含类似的内容。

（2）有关男女生殖系统的生理知识：这一部分内容中国的课本里也应该是有的。

（3）性别决定和性别认同：这一部分内容中国的课本中应该没有，因为在这部分会讲到同性恋、异性恋、易性癖、无性恋、双性恋是怎么回事，该怎样看待，怎样做才是不歧视非异性恋人士等话题。

（4）性生理和性感觉：这一部分内容中国的课本中也应该没有，因为这部分要很详细地告诉学生跟性有关的生理知识，包括如何唤起性欲、性高潮的阶段、性高潮的生理和心理变化等。

（5）交往方式：这部分内容中国的课本可能没有美国那么完善。在这一部分，教师要跟学生讲交往的方式，包括同性恋和异性恋是怎样交往的，约会跟恋爱的不同之处，进入一段交往关系前要考虑的事情，为什么要禁欲，如何告白，怎样处理多角恋，暗恋的处理方式等。

（6）性行为：这部分内容中国的课本肯定是不会有的。在这一部分，教师会详细讲解各种性行为的方式，包括男女的自慰方式，不同的性交方式，还有少数的性行为方式（比如虐待和受虐行为等）。学生能学会怎样辨析不同方式的优缺点。

(7) 孕期生理：这部分内容中国的课本可能不会讲得那么详细。教师会讲解怎样怀孕，胎儿的发育，本州法律对于孕检的规定，选择胎儿性别的做法（加利福尼亚州是允许父母选择即将出生的胎儿的性别的，可以通过试管婴儿的方式实现），顺产和剖宫产的不同，孕期的保健和生产以后的保健，保护产妇的有关法规，为什么坐月子的说法是迷信等。

(8) 避孕：这部分内容中国的课本可能也不会讲得那么详细。教师会很详细地讲述所有避孕方法的优缺点和机制，同时，要求学生熟悉所有常用避孕方式的医学名称以及药物的名称。教师讲解某些避孕方法时还会让学生在上课的时候实际操作练习（比如，学习如何使用避孕套等）。

(9) 结婚和离婚：这部分内容中国的课本好像没有讨论。教师要讲述婚姻的起源，结婚的法律程序，结婚要考虑的事情，结婚的仪式和不同角色的任务，进入婚姻关系要考虑的事情，少数派的婚姻（比如同性婚姻、摩门教的一夫多妻婚姻等），婚姻跟年龄的关系，婚姻牵涉的法律知识，离婚要考虑的问题，离婚的原因和后果等。

(10) 新生儿的护理：这部分内容中国的课本里应该不会有。教师会告诉学生新生儿该怎样护理，怀孕后如何申请政府的福利资助，若没法抚养孩子要把孩子送到哪里（每个小区的消防队门前都有一个“合法扔婴儿处”，凡是无法抚养的婴儿都可以放到那里）等。

(11) 性病以及预防：这部分内容中国的课本里没有。这个部分是讲各种性病的症状、产生的原因以及预防方式等。

很多中国人对于性教育的认识非常狭隘，因此也排斥正常健康的性教育。相信看了美国高中性教育课程的内容以后，你会有所改观吧！

美国高中的学分制是什么样的

邓强和李通宝是林肯高中十年级的学生。他们是好朋友。每天早上八点，在第一节课的铃声响过以后，邓强会走进 301 教室，他要上英语课；而李通宝则会走进 303 教室，他第一节上的是几何。他们在第六节课的时候会一同到 204 教室上课，因为他们都选了我教的职业生涯课。

林肯高中是位于美国加州旧金山的一所公立高中。跟全加州的所有普通高中一样，林肯高中也是实行学分制的。

在美国，假如高中实行学分制，学分都是每一个校区的教育董事会根据州政府、各知名大学以及教育认证机构的要求而制定的。在旧金山联合校区，高中生必须拿到至少 230 个学分才有资格毕业。当然，毕业的要求并不止这些，除了拿到 230 个学分以外，学生还必须通过加州的高中毕业考试才能拿到高中毕业证书。

旧金山联合校区的高中学分制是这样的：在毕业要求的 230 个学分里面，学生必须修读 40 个学分的英语，30 个学分的高中程度的数学，20 个学分的高中程度的科学（其中必须有 10 个学分生物科学，10 个学分物质科学，如物理、化学、综合科学等），30 个学分的社会科学（包括世界历史、美国历史、经济学和美国政治），20 个学分的外语，10 个学分的视觉或表演艺术，5 个学分的健康教育，5 个学分的大学与职业生涯教育，20 个学分的体育，剩下的学分就是选修课。

学分是如何计算的呢？通常，一门课上一个学期，假如学生能得到D以上的成绩（及格以上），就拿到了5个学分，一年就能拿到10个学分。在林肯高中，学生每天必须在学校上六节课，每天上的课都是一样的，这样，假如学生上的所有课都及格了，每一个学年就可以拿到60个学分。因此，通常学生从九年级开始，读四年，若每年所有课都及格，就有资格毕业了。但是，假如学生有一门课不及格，就没有学分。学生是不允许每天上多于六节课的，因此，这个学生就必须上暑期班补课，或者比别人多读一年或半年才能高中毕业。

一、学分制给予学生多大的自由度

学分制给予学生多大的自由度呢？是不是学生想上什么课就可以上什么课？答案是否定的。

第一，每一门课程都有所谓的资格要求，也就是要求学生必须具备哪些条件才能上这门课。比如，微积分要求学生必须在三角函数这门课中及格才能上，而三角函数要求学生必须在高等代数这门课中及格才能上；高等代数就要求学生初等代数及格，并且平面与立体几何也合格，或者同时在上，才能选择。因此，进入高中的学生，只要是同一个年级的同学，80%以上都是上同样的课，只是任教的老师不同。

第二，某些课程是专门针对某一个年级的学生设置的。例如，九年级的学生大部分都会上“大学与职业生涯教育”这门课。学生当然可以在十二年级的时候才上。但是，他们马上会发现职业生涯教育里有教学生如何从九年级开始就为以后申请大学做准备的内容，自己拖了两年，很多本来应该在九年级做的事情，都已经没有机会了。又比如，十一年级的学生通常学的英语课程是美国文学，社会科学课学美国历史。这样，文学和历史学到的东西可以互相对照，加深认识。但是，假如一个学生在十年级的时候学美国文学，因为十年级的社会科学课是学世界历史，他就无法相互对照了。

二、学分制能否促进素质教育

学分制能否促进素质教育，让学生根据自己的爱好，选择一系列能提高自己素质的课程？答案也是否定的。

美国高中实施学分制确实是希望通过给予学生一定的自由度（有几十个学分是选修课），让学生选择能提高自己素质的课程。因此，林肯高中在 1940 年建校初期，制定的办学目标是“促进学生的全面发展”，而非“为大学培养预备人才”。所以，林肯高中目前开设的选修课有：电脑艺术、电脑网络维护、环境科学、财富规划、办公室文员训练、银行业务训练（与花旗银行等大银行共同合办）、生物工程技术、摄影与暗房技术、舞台技术、室内设计、建筑制图、心理学、新闻学以及一系列的体育选修课，包括高尔夫球、击剑、健身、保龄球、射箭、射击、游泳、举重、摔跤等。

但是，以上这些非常吸引人的选修课，每年选修的人都非常少，以致很多课根本就招不够学生，无法开设。为什么会这样呢？原来，这些选修课绝大部分在学生申请大学的时候起不到任何作用。

原来，因为美国没有类似高考这样的东西，名牌大学在考虑招收一个高中毕业生的时候，对于该生是否具备一定的学术水平，是否能在大学里面继续深造，主要是看该生在高中上过哪些课，成绩如何。尤其是竞争激烈的名牌大学、热门专业更是如此。

另外，由于美国大学一年级的课程里有不少可以以“大学预修课程”的名义下放到高中，高中学生只要上了这些课，并通过由大学理事会（College Board）主持的全国统一考试，就可以拿到大学的学分。学生拿到的大学学分越多，就证明该生的学术能力越强。由于大家都想上大学，都想读名牌大学、热门专业，当然就都拼命选能够帮助自己在竞争中取胜的选修课。比如，加州大学伯克利分校的电子工程专业是非常非常热门的专业。因为有太多学生竞争，入学的门槛也水涨船高，现在的最低要求是学生必须在高中阶段修过大学预修课程的微积分，修过一年半的物理和四年的外语。但是，学生要有资格修大学预修课程的微积分，要先读五年的高中数学才行；要有资格修大学物理，学生必须先修过生物、化学和大学预科的生物或化学才行，而那半年的高级物理是不可以跟那一年的高中物理同时上的（在美国，某些大学程度的课可以允许学生在一个学期同时修读高中程度的课。——编者注）。结果，不少学生为了能在高中达到这个要求，就必须每天上两节数学课或科学课。每天学生只能上六节课，又怎么会有时间上选修课呢？即使有，学生也不会上那些与升学无关的选修课，因为学术课程已经把学生压得喘不过气来了。

很多人都说在美国读书容易，压力不大。但笔者教过的想上好大学的学生，无一例外都是每天晚上做功课做到深夜的，很多人甚至下午六点多睡觉，到了凌晨两点多起来做作业，因为夜深人静时注意力才能集中。面对如此大的压力，谁敢不选三角函数而去选保龄球这门课？除非他不想考大学了！即使是一些非常好的选修课，也经常乏人问津。比如，林肯高中跟一些大银行合作推出的课程，可以让学生在修读的同时，到银行里面带薪实习，毕业后更可以到银行工作。但是，因为这些课无法令学生在申请大学的时候拥有竞争上的优势，选修者寥寥。同时，因为教这些选修课的教师都必须拥有相关的执照，比如，林肯高中前任汽车修理课的老师，不仅有汽车修理的教学执照，而且还是丰田汽车公司专门培训汽车修理技术员的技术指导。但是，因为选修的学生少，无法开班，想当教师的人也不会去考这方面的执照。因此，这位老师退休以后，林肯高中就再也请不到有执照的老师来教汽车修理这门课了。

没有所谓学术价值，也就是无法得到大学承认的选修课，随着选修的学生人数越来越少，逐渐消失了。在旧金山的高中里，家政、缝纫机维修、木工、金工、打字、电脑程序以及烹调课都已经消失，汽车修理和银行业务等课也濒临灭绝，只剩一家高中在苦苦支撑，当教这些课的教师退休的时候，就是这些课程走进历史的时候。

不过，仍有一些不服输的学校和教师为了拯救这些选修课而不懈地奋斗。已经濒临灭绝的摄影与暗房技术课的重生就是一个例子。教这门课的老师成功地把课程改成了“数码摄影技术”并向大学申请承认，结果被承认为视觉艺术的一门课程，成功挤进了学术课程的队列里面。

然而，并不是所有选修课都那么好运。只要学生和家长们认为读大学才是在社会上立足的唯一途径，选修课的命运就不会是光明的。

美国的公立高中如何管理学生

很多人认为在美国读书很自由，想干什么就干什么，这其实是一个误解。

虽然美国的很多公立学校是无法教书的乱校，但是，这并不等于没有任何的学生管理规定。美国的高中均有学生管理规定，这些规定全都有法律效力，而且都能通过法律的方式来实施。

在美国的公立高中读书的高中生，每一个人进校的时候都会拿到一本《学生管理手册》。这本手册有上百页，详细说明了学生的行为准则，而且，没有一条是抽象、无法实施的。在美国的《学生管理手册》里，绝对不会看到下面的条文：

①热爱美国，热爱民主党（或共和党）。

②尊重老师，热爱同学，讲礼貌。

③爱护公物，保持环境卫生。

会看到类似的条文：

①禁止穿这种长度的短裤或者短裙：伸直双手下垂，放在大腿上，裙子下摆或者短裤的裤脚短于最短的手指的长度。

②禁止穿暴露上身 1/4 肉体的衣服。

③禁止穿低 V 领的背心以及细吊带背心。

④进入教室比上课时间晚 5 分钟以上、20 分钟以下为迟到。迟到

三次算一次旷课。一个学期累积三次旷课，家长可被判罚 25 万美元或徒刑六个月。

⑤携带任何武器进入校园，或携带看上去像武器的玩具进入校园，可被开除。

⑥携带毒品或者酒精类饮品进入校园，可被开除。

⑦在学校财物（比如墙壁、课桌）上面乱写乱画，可被判徒刑六个月。

⑧学生如在上课期间离开学校，必须申请“家长允许离开学校”通行证。没有通行证，外出可随时被警察逮捕。

⑨以侮辱性言语在网络或者现实中辱骂他人超过三次者，可被罚停学处分或承担更严重的法律后果。

公立高中通常都会有一个到几个专职人员负责学生管理，他们被称为“训导主任”(Dean)。训导主任会跟警察合作，保证《学生管理手册》上面的所有学生行为准则得到遵守。

使用法律来管理学生，就是美国公立学校学生管理的核心原则。

美国的中小学真的没有班干部吗

最近，在网上有一个讨论，说美国的中小学是没有班干部的，从而抨击中国中小学的班干部制度，认为班干部制度是拼爹或者是拼学习成绩，应该取消。

作为在美国的小学、初中和高中均有教学经验的教师，我想说：美国的中小学当然有班干部！

中国学校的班干部制度和体育课一样，都带有非常浓厚的军事色彩。比如，美国的体育课中绝对不会有“立正”、“向右看齐”、“齐步走”之类的口令，这些只存在于少年军训团的课程里面。

美国的学校是什么情况？（*我说的是公立学校。我没有在私立学校教过书，没有发言权。*）先说小学，美国的小学大部分是采取班主任制的，一个老师教一个班所有的科目。授课时大部分是通过小组合作来进行课堂活动，老师站在教室前面讲课的时间非常短。通常，老师一定会设立一些负责人（monitor），负责管理不同的地方。比如，地板管理员负责管理教室地板上有没有遗留的玩具或者书本教具，图书管理员负责整理教室书架上的图书，白板管理员负责清洁教室的白板，电脑管理员负责收拾好电脑，科学管理员负责管理教室的科学角。另外，还有一个班长（class monitor），负责大家去操场的时候，让大家排好队。这些不同的管理员，其实就相当于中国的班干部。

在美国小学的低年级，学生还不怎么懂事，因此，班干部一般是老师根据学生的能力来指定，通常是轮换的，全班每一个人都有当某个管理员的机会。当孩子完全熟悉了这种制度，回到家后也会向父母申请当某个管理员。比如孩子对父母说："这个月我当垃圾管理员吧！"意思就是，这个月的垃圾他负责倒了。到了高年级，学生要学习美国历史及美国的国家制度，老师会让学生竞选管理员。同时，从四年级开始，学校里面也有学生会了，学生们开始学习怎样选举自己的学生代表。这些学生代表通常是学生里面比较受欢迎、人际关系好的同学，跟他们的成绩没什么关系。（美国的小学里通常只有三个成绩：优、良和需要改善，所以，大家谁都不知道其他人的成绩是好还是不好。）美国小学到了班级选举或者学校学生会选举的日子，那些竞选广告铺天盖地，全是学生们自己设计的，弄得煞有介事，比真的选举还要热闹！而且，老师还给候选人机会发表演说，接受咨询、提问等。费那么大劲，原来只是为了当个玩具管理员（toy monitor），至于吗？但是学生们觉得很有趣，很好玩，老师们也觉得通过这样的活动能从小培养学生的公民责任感和社会参与价值观，是民主社会不可或缺的重要一环。

再说中学，美国的中学从初中开始就没有了班级的概念，因为学生是选课的，老师在不同的教室等着学生来上课。然而，虽然没有班级的概念，但是还存在着年级的概念，还有一个东西是中国的学校没有的，叫家房（在《美国中学真的取消班级了吗》一文中有详细论述）。

家房不需要选举玩具管理员之类的职务，但是，家房要选举家房学生代表。这个学生代表负责汇总家房的同学的意见，代表家房，在参加校长内阁会议时向校长作报告。例如，哪间教室太热啦，太冷啦，学校的厕所太臭啦，哪个老师不公平啦……都是每周的例行会议中要说的问题。总之，美国的中学是由学生跟成年人共同管理学校的。

在校长内阁会议中担任代表的学生，就有资格参选学校学生会的干部了。到了竞选的时候，全校铺天盖地都是竞选广告。候选人各出奇招拉选票，学校的电视会直播竞选演讲，跟真的选举没有两样！选出来的学生干部，全都是领导能力非常强的。美国大学在招生的时候，领导才能（leadership）是非常重要的东西，甚至比 SAT（学术能力评估测试）、ACT（美国大学入学考试）之类的统一考试的成绩还重要！美国中学的学生干部要负责策划学校里面所有的学生活动，比如，大型的赈灾活动、大型的筹款演出、毕业班的旅行、大型的体育比赛、学生的演出、管理学生社团……凡是跟学生有关的，全都是学生们在学生会的领导下做的，老师们基本不会插手。老师们只当指导，当学生遇到问题的时候会问老师怎样解决，老师们不会亲力亲为，只提示学生该怎么做。以我所在的学校为例，学生会中有会长、副会长、年级会长、年级副会长、财政部长、秘书、社团部长、文娱部长、体育部长、商业管理部长、外联部长等职位，全都是通过竞选，学生投票产生的，老师完全没有干涉。

综上所述，美国的中小学不仅有班干部，而且还非常的正规，非常的专业。在中小学设立班干部是美国教育里的一个重要手段，所有在美国读教师执照课程的人都在课本中学过如何组织学生活动，怎样在课堂上通过设立班干部的方法来培养学生的领导才能。

美国的语文老师如何教学生写作文

美国的作文教学法在我接受师范教育的时候是一大重点教学内容，我的印象是有点百花齐放的味道，主要原因是英语的作文分“创造性写作”和“八股文写作”。前者是娱乐用的，后者是考试用的。但是，我们看作文比赛或者考试得高分的作文，都是两者紧密结合的典范。由此看来，中美两国对于作文高标准的看法，是非常相似的。

在美国的作文教学中，比较流行的一种方法叫“作家工作室（Writer's Workshop）训练法”。这种方法的步骤是这样的：

①全班针对题目进行脑力激荡（Brain Storming），并且使用图形分析器（Graphic Organizer）对脑力激荡的结果进行分类、比较、归纳、综合、分析等，酝酿出可以接受的主题或者中心思想。这期间，可以是全班一起做，也可以是在小组里面做，然后把小组讨论的结果在全班分享。

②确定了主题，把脑力激荡中产生的观点和联想分析过以后，把跟主题无关或者没有用的东西去除。深入研究剩下的东西，必要时依靠工具书或其他途径进行进一步的研究。

③写出文章的大纲和中心思想。

④在小组里面，根据一个评分标准，学生互相评价各自的大纲写得如何，然后根据同伴的评价修改自己的大纲。

⑤把修改好的大纲交给老师评分。

⑥老师根据评分标准评价学生送上来的大纲。

⑦学生再次修改大纲，把大纲变成文章初稿。

⑧根据评分标准，学生在小组中互相修改文章的初稿。

⑨老师给学生的初稿打分，并根据评分标准提出建议。

⑩学生根据发回来的初稿及建议修改，写成二稿。

⑪老师评分。假如不符合及格标准，学生还必须再修改，写成三稿、四稿。

⑫通常，作文的及格标准是85分（满分100分）。学生必须写到及格为止。

⑬学生作文的最后定稿通常会打印出来，然后配上插图、封面、封底，装订成一本书，全班每个学生都有一本，让大家有“出书”的自豪感。

在美国，教师教作文有明确的步骤，学生每一步都能得到该如何走的指导；另外，作文得到的每一分都有评分标准，告诉你为什么会得到这样的分数，该如何修改才能得到高分。同时，文体训练用的作文通常是采用学生比较感兴趣的题目，或者是比较有争议性的话题，让学生有话可说。我最近一次教英语的时候让学生做过的“作家工作室”作文题目有以下几种。

①窗户。（记叙文）

②学校是否应该硬性规定学生穿校服？（议论文）

③学校是否应该有配枪的校警？（议论文）

④你赞成让十六岁的学生拥有选举权吗？（议论文）

⑤高中男生分类学。（散文）

⑥高中女生分类学。（散文）

⑦黑人方言是否可以成为一种语言？（议论文）

⑧作弊。（文体不限）

⑨对暴力电子游戏的评价。（议论文）

⑩青少年的偶像崇拜与宗教的偶像崇拜、邪教的偶像崇拜，有什么相同点和不同点？（文体不限）

家庭收入低的学生能读得起美国名校吗

美国各大名校之间的竞争这几年到了白热化的程度。其中大家拼得最凶的一个领域，就是看谁给贫困生提供的条件最优越。也就是说，大家通过扶贫来斗富。

美国名校的财政实力，主要看其所拥有的捐助资金。在这方面，哈佛大学、耶鲁大学分列第一和第二位，捐助资金分别有 221 亿和 127 亿美元（2013 年）。但实际上，捐助资金不足 100 亿美元、排名第四的普林斯顿大学是最富有的。因为普林斯顿大学规模小，因此平均每个学生拥有的捐助资金在各名校中是最高的。1998 年，普林斯顿大学宣布，凡是家庭年收入在 46500 美元以下的学生，其贷款将全部用奖学金支付。

美国给学生提供的教育财政资助常常是奖学金和贷款相结合。奖学金不用偿还，但贷款是需要偿还的。不过贷款从利率到偿还期条件都非常优厚。用部分贷款上名校，本是一个回报甚高的投资。但人们很快发现，来自贫困家庭的孩子因为受惯了穷，比起富家子弟来他们特别害怕负债。一听说贷款上学，毕业后欠一两万块的债，他们就可能在名校面前止步。普林斯顿大学这一招，就是打消贫困生对负债的顾虑，把最优秀的学生抢到手。2001 年，普林斯顿大学索性把这一政策覆盖所有学生：只要你需要并有资格获得财政资助，你拿到的就是全额奖学金。贷款上学从此在普林斯顿大学消失。

普林斯顿连出两张硬牌，等于逼着竞争对手跟牌。但是，普林斯顿的钱太多，手面太大，其他学校跟不起。直到2004年哈佛大学才宣布，凡家庭收入在4万美元以下的学生其教育费用全免。这张牌比普林斯顿的牌还是软得多，因为普林斯顿的做法等于给所有需要资助的学生提供免费教育，其中有些学生的家庭收入远远高出4万美元。不过，哈佛这张牌，其他学校跟得起。2004年，布朗大学宣布用1亿美元支付135名学生的贷款。2005年，耶鲁大学宣布家庭年收入低于4.5万美元的学生教育费用全免。斯坦福大学在2006年3月宣布了同样的条件。几天后，宾夕法尼亚大学宣布家庭收入在5万美元以下的学生，其贷款将全部用奖学金支付。

大家拼来拼去，还是没有大学能挑战普林斯顿，基本全都在和哈佛叫板。因为几所学校已经把免费教育的基准从哈佛的家庭年收入4万美元，提高到4.5万甚至5万美元，这就把世界第一名校逼到了墙角里。结果，2006年3月30日哈佛大学宣布，家庭年收入在6万美元以下的学生，教育费用全免。家庭年收入在12万美元以下的学生，每年学杂费只需要付1万美元。

这里有几点必须澄清。第一，教育费用全免并不是说一切都是无偿的。学校可以给学生安排一些校内工作，其收入可以作为奖学金的一部分。不过，学生的校内工作有严格的时间限制，必须保证不影响学生的学习。事实上，大部分工作非常轻松，许多学生可以在工作岗位上看书。第二，所谓教育经费不仅仅指学费，还包括住宿费、伙食费、学习用品费等所有正当的教育费用。这些费用加起来一年可达四五万美元。那些家庭年收入在6万美元以下的学生，自然不可能负担得起这样高的费用，他们一般都根据收入水平得到了不同程度的资助，只不过不是免费上大学而已。

当然，哈佛的行为不过是大学争夺贫困生和下层中产阶级的“军备竞赛”的一个小段落，大家日后还会层层加码，名校通过扶贫来斗富的好戏，也许还在后面。

中国的名牌大学要变成世界一流，还得想办法让穷学生读得起才行。

第二章

任性的美国教师

美国教师怎么看雷夫·艾斯奎斯

可能很多中国老师都看过《第56号教室的奇迹——让孩子变成爱学习的天使》，而得过“总统国家艺术奖”和“全美最佳教师奖”的美国五年级教师雷夫·艾斯奎斯在2013年访问中国的时候更是掀起了一股旋风。在中国教育界人士看来，雷夫·艾斯奎斯的教育实践好像就是解决中国目前教育问题的最佳方案了：他的学生来自贫穷的家庭，可是他们不仅标准考试的成绩高，而且素质也高，他们能演莎士比亚的话剧，能打棒球，会理财，有各种成年人才具备的生活知识和能力。用四个字概括就是“高分高能”！当地很多家长都希望把孩子送到他的班上去。

然而，这样一位和我同在加州的明星老师，我以前竟然从来没有听说过！我读的是小学教师执照课程，教授完全没有提过这位老师以及他的课堂实践。有位网友问我怎么看这位在中国大热的美国老师。我趁着午餐的时间，随机问了二十几位学校的同事，他们中有年纪大的也有年轻的老师，可是竟然没有一个听说过雷夫·艾斯奎斯！有一个老师几年前看过《第56号教室的奇迹——让孩子变成爱学习的天使》，但是忘记了原来书中说的就是雷夫·艾斯奎斯。想了解一下美国普通老师怎样看这位在中国教育界人人皆知的明星教师好像很困难。

刚好，我们教师工会的副会长来学校视察。她已经年届60，曾经当了二十几年小学教师，后来才成了我们这个校区的脱产教师工会副会长。我一问她，她果然就知道雷夫·艾斯奎斯。

“您怎么看这位明星老师的？”终于遇到了一位知道雷夫·艾斯奎斯的美国教师，我很兴奋。

“雷夫·艾斯奎斯是一个很有魅力的帅哥，这是他的天生优势。同时，他是加州大学洛杉矶分校毕业的，从全美排行前20的公立名校出来的人，哪一个不是多才多艺？其实，我们更需要知道雷夫·艾斯奎斯为什么能那么成功，对不对？”副会长这句话真的一针见血。

雷夫·艾斯奎斯为什么能取得成功？教师工会又是怎样看他取得的成功的？

第一，他清楚知道来自贫穷社区的孩子学习成绩差的最根本原因是社区的坏影响和家庭不重视。美国的小学早上九点上课，下午两点半就放学。来自贫穷社区的孩子放学回家后就面对酗酒吸毒的父母，或跑到社区跟打家劫舍的黑帮混在一起，能有希望成为好学生吗？而雷夫·艾斯奎斯班里面的学生，早上要提前上学，下午要到六七点才回家。每天比其他学生多出五六个小时在校时间，他们排练话剧，制作舞台上用的道具，打棒球……这根本就是私立学校的贵族学生才能享受的待遇，他们能不脱胎换骨吗？

但是，从工会的立场来看，雷夫·艾斯奎斯是一个很坏的榜样。因为工会跟教育局签署的合同是老师每天只工作七个小时，其中一个小时还是午餐时间，而雷夫·艾斯奎斯这样加班，有谁给他发加班费？假如所有的老师都这样做，工会还有筹码为教师争取权益吗？

第二，美国的小学基本是一个老师教所有科目，因此，小学老师在自己的班里面有比较大的自由：每天教几个科目的课，用多长时间教，基本都是自己决定。问题是，没有多少老师是全才，英语好的人，数学未必很好。于是，美国的小学老师会用很多的时间教自己擅长的科目，自己不擅长的科目少教或者不教。同时，因为美国老师的薪水低，毕业于名校的学生没有多少人愿意当老师。所以，美国公立小学的老师水平普遍比公立高中的水平要低。然而，雷夫・艾斯奎斯是毕业于名校的老师，他的知识水平比一般老师高很多。因此，他才能够让他的学生成为莎士比亚话剧近乎专业的演员和舞台技师，还能得到近乎专业的棒球训练，这些是无法复制的，因为我们不可能要求所有小学老师都毕业于加州大学洛杉矶分校，或是哥伦比亚大学教师学院（全美最有名的师范学院）。

从工会的立场来看，工会不鼓励复制雷夫・艾斯奎斯的成功，因为这会导致学校的校长在聘请教师的时候无理地要求教师必须多才多艺，会教篮球、棒球，会教音乐话剧等，这样是对其他师范课程毕业生的歧视。最重要的是，假如教师自发地因为兴趣而给学生开很多兴趣班的话，那不具备这些才能的教师必然会显得很糟糕，这会不会导致校长给他们差评？

最后，副会长强调，雷夫・艾斯奎斯是一个极为出色的教师，他的教学方法和理念，还有他的课堂管理方式，都非常值得学习。然而，这一切都是建立在他以私立学校的方式来管理和教育学生的基础上。这在出身于私立名校的人看来当然是非常好的，所以他得到的那些奖，大部分都是社会的统治阶级（美国总统、英国女王）颁给他的。可是在劳工阶层看来，他给学生的这种教育太奢侈了，国家根本无法负担，只能够要求我们老师无偿付出。

正因为如此，雷夫・艾斯奎斯才没有被美国教育界作为一个学习榜样广泛宣传，很多人才不知道这位明星老师。反而在中国，他的名气更大。

美国教师怎么看新教育法

2015 年 12 月 17 日下午，林肯高中全体教师在圣诞节假期之前开了员工大会。

校长宣布了一个重大消息："昨天，《不让一个孩子掉队法》（No Child Left Behind）正式宣告落幕了！我们胜利了！"

"耶！"大家齐声欢呼，帽子与学生的试卷齐飞，"去他的考试吧！没有统考啦！"

"但是……"校长的声音从扩音器里传出来，"我们又有了一个叫作《每一个学生成功法》（Every Student Succeeds Act）的法案了，昨天正式通过的！统考嘛，会以新的形式出现……"

"噢……"正在兴奋庆祝的老师们顿时像泄了气的皮球，纷纷落座了。

国内的老师可能不明白，为什么美国老师不喜欢统考。

《不让一个孩子掉队法》是小布什时代一部影响深远的教育法案。这个法案最大的特点就是"统考"和"教师资格"。进入新千年以后，美国高科技行业的大佬们发现大部分由美国基础教育，也就是公立教育培养出来的学生都不具备基本的学术素养，连当个生产线工人都不合格，因此才极力游说国会出台教育法案，采取具体的措施保证公立学校的学生毕业以后具备起码的学术素养，起码不会是文盲。于是，布什政府颁布了《不让一个孩子掉队法》，规定各校区假如要得到联邦政府的教育拨款，必须达到政府认可的统考各项指标通过率。假如哪些学校没有通过，就必须采取措施补救；假如仍然不能通过，就要炒掉全校的校长和教师员工，关闭学校，另起炉灶；假如统考成绩有进步，则全校有奖。统考成绩是向全社会公布的，因此，那些成绩差的学校，会在报纸、电视、网络的全面曝光下，变成人人避之唯恐不及的学校。

设置这个统考的初衷是好的，可是并不符合美国的国情。长期以来，美国公立学校的学生就是根据学区来入学的，在豪宅区居住的都是事业成功人士，他们之所以能取得成功，大部分是因为他们读书读得好，当然家长也重视教育，对孩子要求严格。另外，豪宅区的房子价格昂贵，交的房产税也高，而美国公立学校的主要经费来自房地产税，所以豪宅区的学校设备自然好，也能给教师比较高的工资，能吸引优秀人才去任教，这样，“好区”的学校学生统考的成绩当然就要比中下层或者贫民阶层的学校的学生统考成绩要高。现在政府要按照统考成绩来奖励成绩好的学校，惩罚成绩差的学校，必然造成好的学校成绩越来越好，差的学校成绩越来越差，两极分化。再加上强制关闭学校的威胁，未来的趋势必然是差区的学校全部被关掉，穷人没书读。由于法案的提议人是出身于富贵家庭的议员们，因此完全没有看出这个弊端。

统考的另外一个弊端，是规定到某一年，全国参加统考的学生都必须 100% 达到“满分”的标准。这在统计学上是不可能实现的。美国的统考不是按照学生的卷面分数来评分的，而是使用标准计分法，即根据参加考试的人数和成绩，使用数学公式来判定参加考试的人群中有多少是前百分之几，多少是中间百分之几，多少是后百分之几，重新排队决定分数，因此，所谓“满分”，根本就是统计学公式里面得到的最高分的一个百分比，这个百分比永远是小于 100% 的。法案要求 100% 达到“满分”，在数学上完全不可能实现，因为全国统考后绝对不可能所有学生的成绩都一样。

然而，法案通过了就是法律，即使再没道理也要被执行。于是，在法案被执行的时候，“上有政策，下有对策”的美国各级教育机构的做法可谓五花八门。比如，旧金山校区为了避免好区的学校统考成绩越来越好，差区的学校没人去，统考成绩越来越差，就强制把好区的学生分配到差区学校，把差区的学生分配到好区学校，制造出“差区学校取得大幅度进步”的假象。而美国某些州有非洲裔和墨西哥裔新移民较多的校区，因为无论怎么做，校区的成绩都是很难提高的，为了避免失去联邦拨款，于是从上到下集体作弊，结果从教育局长到校长都被关进监狱。

统考带来的弊端还不止于此。美国的公立学校长期以来都没有考试文化，甚至没有考试，老师根本就不知道如何教学生应考。于是，稍微懂一点儿应考训练的老师的班级，即使学生的程度很差，都有可能考出优异的成绩。比如，我每年都有两个新移民班，英语能力极差，我只是给他们进行一点儿中国式的应考训练，就让他们每年的统考成绩都在全校区的平均分以上，远远高于其他老师教的学生了。

最后，因为在联邦教育法里面出现了统考，导致州和地方的教育法也“顺便”规定要统考，一时间，美国的学生们从几年前的根本没有任何考试，到每隔一两个月就统考一次，学生们叫苦连天，老师们也拼命吐槽。因为美国每一次统考，都是必须按照标准考试的方式来进行，在中国一节课能考完的东西，在美国非得弄个一天，久而久之，统考就占了很多课时，老师根本就没法教完课本要求教的东西了。比如，在旧金山校区，每年五月底开始放暑假，统考是四月中进行的，这就意味着老师必须要提前一个多月讲完课本里的东西，并且训练学生应考。这根本就是不可能完成的任务！再加上地方的统考占用了授课时间，老师们实在是苦不堪言。

现在，新通过的《每一个学生成功法》，把统考的形式和次数决定权都交回到州和地方政府，让各个统考成绩一直很糟糕的校区和学校都大大松了一口气。但是，统考仍然存在，这把悬在头上的达摩克利斯之剑仍然会砍下来。怎样才能让苦苦挣扎中的成绩落后学校或者校区达到法案的要求呢？这就需要各校区具有极大的创造力了。

任性的美国高中老师

中国人说有钱就任性，可是，美国的高中老师没钱也能任性，因为他们掌握着给学生分数的大权。对美国高中生而言，平时成绩是非常重要的，因为在申请大学的时候，大学要看学生在四年高中里每一个科目的学期总评成绩。假如一个学生每年上 6 门课，四年就是 24 门课，假如想拿到总平均分（Grade Point Average，GPA）4.0 的话，就意味着 24 门课都必须拿 A。

按照一般的评分标准，学生在一门课里面只要拿到了 90% 的分数，这门课就能得到“A”的成绩了，4 分到手好像并不太难。然而，要拿到 90% 的分数，并不那么简单。

首先，美国老师在评分的时候，不像国内那样完全由一次考试决定，通常，会分成若干个不同的功课类型，比如，课堂作业占若干分，家庭作业占若干分，综合项目占若干分，平时测验占若干分，期末考试占若干分等。而这些不同的功课类型，每一类占的百分比有多大，完全由任课教师自行决定，任性程度三星级！（之所以是三个星，是因为不少高中都有规定，上同一门课的老师的功课类型的评分标准必须统一。也就是说，有多少个类型，每一个类型占百分之多少，所有老师都必须一样。）假如想得到 90% 的分数，就意味着平时作业、课堂练习、综合项目以及每一次测验考试都必须得到 90% 的分数以上才行。假如某一门课有两位老师教，A 老师设定期末考试成绩占 90%，其他作业加起来占成绩 10%；而 B 老师设定期末考试成绩只占 10%，平时作业占 90%。那么，被 A 老师教的学生就很有可能因为期末考试考砸了，拿不到 A；而被 B 老师教的学生，很有可能期末考试成绩不及格也仍然能得到 A！

其次，即使任教同一门课的老师的评分标准是统一的，但学校通常无法统一要求每一个类型、每一位老师会出多少次作业，任性程度四星级！数学常识告诉我们，假如某一种类型的作业出现次数越多，学生拿低分的几率就越低。比如，A 老师一个学期会组织 100 次测验，有学生在其中 10 次测验中得了 0 分，其余的测验则全得 100 分，那么该生在测验这一类型的作业里面仍然能够得到 90% 的分数，还能拿 A。可是，假如 B 老师一个学期只测验一次，某学生不幸刚好得了一个 0 分，虽然只有一次得 0 分，可是在测验这个类型的作业中就直接拿不及格 F 了。而每一类的作业究竟出多少次，学校是无法统一的，因为老师可以说："我要根据我的学生的具体情况来出作业和测验！"

最后，假如某所高中完全按照大学的方式来评分，也就是将作业类型、所占比例、出现次数都完全统一，美国老师还可以任性一把：使用"二次评分法"。二次评分法是很多大学和高中的教师都在使用的，这种评分方式就是教师在每次作业批改完以后，按照全班的成绩分布重新再评一次等级，有时候还根据统计学的分布方式来重新评等级。也就是说，你考试可能（100 分满分）拿 90 分，但是若和你同班的同学全都是 95 分以上，经过二次评分以后，你的 90 分就是分布在"不及格"的区域里面了。于是即使你拿 90 分，仍然是不及格，拿 F。当然，也会有幸运的时候，比如你得了 40 分，可是和你同班的同学全部都在 30 分以下，于是你荣登 A 的行列。这种评分方式，学生对自己的成绩完全无法控制，任性程度五星级！

有人可能会问：高中的平时成绩对考大学那么重要，要是在中国，老师肯定100%都给学生们满分啦！怎么还会变着法子虐待学生，用各种办法让学生很难得到优异的成绩呢？

理由就是：第一，美国的高中，尤其是公立高中，没有“升学率”这个概念。学校有没有学生考上名牌大学，对该校的校长、老师的工资或者工作条件不会有任何改变。因此，老师们没有任何理由给学生高分，反而有无数的理由给学生低分，包括那些并不算理由的理由，比如，心情不好、学生上课时太调皮、顶嘴等。

第二，美国教师跟医生、律师、会计师、工程师等一样，都属于专业人士。凡是专业人士都有自己的专业判断。因此，任何人都必须尊重教师的学术自由，包括如何评分、怎样教学生等。因此，在美国绝对不会出现“没有教不好的学生，只有不会教的老师”这类说法。假如一个老师认为某个学生无法达到某个学术标准，就不会盲目地给这个学生高分。

正是以上两个原因，才让美国的大学在招生的时候，敢于把学生的平时成绩当作一个重要因素来考虑；同时，也会认真考虑高中教师的推荐信，因为大学都知道高中的老师没有理由胡说八道。

正因为美国的高中老师在给分的时候很任性，因此在美国读高中，学生们假如想得到好成绩，就必须知道光是勤奋是不够的，还必须懂得一些窍门。比如，假如你不是超级天才和学霸，就要尽量避免去那些学霸集中的学校或者班级，否则，老师若来一个二次评分，你就吃不了兜着走了，随时可能会考99分却不及格。还有，假如某位老师的评分哲学是，“A是上帝得的，B是神仙得的，凡人只能拿C以下”，当然也要避之大吉，千万不要选这种老师的课！所以，每年开学，我们经常看到高中的顾问办公室门口排着一大队学生，全都是希望改课程表，避开那些任性恐怖的老师的。来自中国的学生和家长，是不会明白其中的诀窍的。

美国有班主任吗

在美国的教育制度中，有一个很重要的角色叫“顾问”，有时也翻译成“辅导员”。英文中是counselor，或者也叫advisor。这个角色在中国的教育里面是没有的。无独有偶，中国的中小学教育里面也存在一个很重要的角色，叫“班主任”，也是美国没有的。因此，英语也没有对应的翻译，勉强译成class advisor也不是十分准确（因为美国的中学里没有班级的概念）。在中美两国的教育中，顾问和班主任的角色有相似之处又有不同之处，体现了两国教育思想的差别，那就是：在美国教育中，成年人的角色是启发、帮助和引导学生；而在中国教育中，成年人的角色是管理和控制学生。因此，从校内的职位、专业的训练和工作的内容上来看，两者相差很大。

从校内的职位来看，美国学校里的顾问完全不上课，是全职的辅导员；而中国的班主任经常同时兼课。美国全职辅导学生的顾问，在时间和精力上，都比同时要兼顾批改作业、辅导考试和备课的兼职教师，要来得更加充裕，辅导的效果更好。

从专业水平来看，美国学校的顾问上岗要求非常高：不仅需要教师执照，还必须有学校心理顾问的硕士学位，要受过专业的心理治疗方面的训练。反观中国的班主任，则绝大部分是在职教师，很多人没有受过任何专业的心理治疗、心理辅导方面的训练。这种先天不足导致班主任最擅长的技能就是管理和控制，在对学生进行心理上的帮助和引导时就常常感到力不从心，更谈不上做心理治疗了。

从工作的内容来看，美国学校的顾问除了负责学生的心理辅导以外，还负责帮助学生选课和确定未来的升学方向。但是，顾问的工作以启发、引导为主，并不强迫学生接受自己的观点和看法。比如，一个成绩不好的学生希望申请一所名牌大学，顾问并不会说“你根本没可能”，更加不会以提高学校的升学率为目的劝说学生申请名校中那些并不适合该生读的专业。而是告诉学生，名牌大学的录取条件是什么，学生目前的成绩怎么样，让学生自己比较，发现差距在什么地方。当然，美国学校的顾问也不会干涉学生谈恋爱，甚至对于抽烟和酗酒的学生，也只是告诉学生，在学校周围多少米以内抽烟犯法，没到21岁喝酒也犯法，留案底的后果是什么，仅此而已。当学生严重违纪、违规或违法时，顾问就把案子交给训导主任，由另一个专业人士处理了。

综上所述，美国的顾问是全职的，中国的班主任是兼职的；美国的顾问是专业的，中国的班主任是业余的。因此，这必然决定了美国的顾问在工作性质上更多的是帮助学生，引导学生，用专业的辅导让学生选择自己要走的路，从而发展自己的个性，成为对社会有用的人。但是，中国的班主任的工作性质只是把学生管好，为升学服务。因此，必然会出现高压管理和控制思想的行为。所以，从上面的比较就可以看出，美国的教育比较人性化，注重学生的个人发展；而中国的教育则希望管好学生，让学生成为社会的听话螺丝钉。而顾问和班主任这两个职位的不同，恰好就反映出了这两种不同的教育观。

美国公立学校有代课教师吗

在中国，“代课教师”有另外一层意思在里面，通常是指农村地区学校里面没有编制的教师。他们的工资、福利很差，有的人一辈子当这样的代课教师，结果穷困潦倒，有时候连工资都拿不到。其实，在中国的许多学校，因为教师每天上课的时间比美国教师少得多，因此，很少需要请代课教师，某个老师有病来不了，同一个科组的老师用自己不上课的时间去帮忙代课就可以了。但是，在美国的学校，假如某个老师不能来上课了，就一定要请代课教师。

美国的小学是一个老师教一个班，而且要教所有科目的课。一个学校有几个班，就有几个老师，老师一分钟都无法离开自己的学生。假如老师有病有事，即使是离开一两个小时，学生就没人管了，一定要请代课教师。美国的中学虽然是走班制的，但是，每个老师每天要上五节课，也是一节也不能走开，走开了也没有人可以给你顶一下，因为人人都上五节课。所以，假如某天某个老师不能到学校上课，就要事先请代课教师了。

在旧金山，每个正式老师每年有 11 天的带薪病假或者事假。假如请 3 天以内的假，是不需要假条，不需要任何证明的，上网登记一下就可以了。假如一直都不请假，带薪病假会累积起来，每 180 天就相当于一年的工作。一个教师到想退休的时候，可以用累积的带薪病假换年资。

另外，每个正式老师每年还有100天的减薪病假。所谓减薪病假，就是假如得了大病，要住院几个月，前11天是带薪的，用完以后还有100天，校区请代课教师的钱要从你每天的工资里扣。假如代课教师每天200美元，你平时的工资是每天400美元，那么这100天你就只能每天拿200美元了。假如100天又用完了，就无薪了。但是，美国老师每年只工作180天，假如从开学那天起请病假，起码有111个工作日是有钱拿的。过了几个月假期回来，新学年开始，又重新开始有111天有钱拿了。

美国公立学校系统的人事、财政等全由教育局（或者叫校区）掌控，各校校长没有人事权，也没有财政权。因为校区的相关负责人与各校没有任何利益关系，也就杜绝了营私舞弊、贪污腐化的现象。同理，代课教师也是由全校区统一分配调度的。

任何人，只要有一个学士学位并且通过了加州基本教育水平考试，就有资格在加州任何一个校区当代课教师了。美国大部分州不要求代课教师拥有教师执照。

每个校区都有很多人登记当代课教师，代课教师只分小学和中学两个部门。假如某个老师病了，第二天不能来单位，可以上网登记一下。假如他认识哪个平时帮他代过课的老师，可以在登记的时候把那个代课老师的号码填写进去。校区的电脑中心收到登记以后，会打电话通知那个代课老师。假如不填号码，电脑中心会随机分配一个代课老师给他。

代课教师的工作是不稳定的，虽然每天的工资有200美元左右，但假如没有人要求代课，也就是说校区没有分配工作给你，当天就没有收入了。但是，仍有不少人喜欢当代课老师，一般是一些退休的老师。他们不想闲着，但也不想工作的时间太长。另外一些是家庭主妇，自己出来代代课，赚些零花钱。还有一些是希望将来当老师的大学生，先代代课，在赚钱读书的同时也经历一下真正的课堂究竟是怎样的，看看自己是否喜欢当教师。

因为绝大部分的代课教师不具备教师资格，因此，代课教师基本上不用教书，只是看着学生做作业或者打牌玩，只要学生不打架，不出什么乱子就可以。代课教师也不必批改作业。上班到教室坐六个小时，两百块钱就到手了，是相当轻松容易的工作。

还有一种代课教师叫“长期代课教师”，是以代课教师的身份在学校里面负责学生的统考、整理成绩、一对一补习之类的教师。通常这种代课教师是校区申请了政府的基金，为了花钱而聘请的。因为不是正式教师，学校不必负责他们的退休、医疗、人寿保险之类的福利，工资也比普通教师低。所以，学校就钻这个空子，用比较便宜的价钱请代课老师回来做普通老师的工作。

假如一个老师要离开工作岗位一段比较长的时间（比如放带薪假，通常是一年；或者生孩子，通常是一个学期），就不可以请代课教师了，要请正式教师。不过，在请这个老师来工作的时候，学校会说明这个职位是一年或者半年的，因病或因事离开的老师是有权回到原来的工作岗位上的。

怎样才有资格在美国当中小学老师

在美国，虽然每一个州都有自己的标准，但基本都要求老师有教学执照（Teaching Credential）才能在公立中小学教书，反而是当大学老师不必有教学执照。大部分的大学聘请有博士学位的人教大学，但某些专业有硕士学位，甚至仅有学士学位的人，也能教书。但对于中小学老师，甚至学前班老师的教学资格，政府就规定得非常严格，就算是博士后，没有教学执照也不可以教书。

目前，在加州公立中小学通行的教学执照有四种：永久执照（Life Credential，永远不需要更新的执照，在1986年以后已经不再发）、专业执照（Professional Cleared Credential）、初级执照（Preliminary Credential）和临时执照（Emergency Credential）。前三种执照，都分为专家执照（Specialist Credential）、单科执照（Singal Subject Credential）和多科执照（Multiple Subjects Credential）三类。专家执照通常是得到了专业执照以后再进修（如图书馆员执照），或者直接拿到的特殊执照（如学校心理学家执照、学校顾问执照等）。在课堂里面教书的教师，主要是持单科或者多科执照。单科执照只允许教师教一个科目，通常是发给初中或者高中老师的。多科执照允许教师教从幼儿园到九年级学生的所有科目。

一、在美国做中小学老师，要达到哪些要求

以加州为例，要取得教学执照，要达到这些最基本的要求。

第一，通过全州的统一考试——加州基本教育技能考试（CBEST，California Basic Educational Skill Test）。

第二，在大学取得学士以上学位。通过相关的专业考试（加州教师专业考试），或修读过专业的课程。

第三，大学毕业后在教育学院修读60个教育学分，完成教学实习并达到其他的要求。

第四，掌握有关美国政府和美国历史的知识（可以用考试或者上大学时的课程来证明）。

第五，掌握有关心脏复苏的救护知识（持有效的美国红十字会颁发的心脏复苏术证书）。

第六，通过背景调查，没有刑事罪行案底，没有当过恐怖分子或者拥护过恐怖分子的纲领。

想取得临时执照只需要有大学学位，通过加州基本教育技能考试就可以。但是，持临时执照只可以担任代课教师，不能成为正式教师。而且，因为临时执照的有效期只有一年，每年还必须修读一定的教育学分才能更换执照。

根据最新的加州教育执照法，满足上面六个要求的人士就可以获得初级执照。在外国受过训练的教师，可以直接向加州教师执照委员会（CCTC）申请初级执照。只要申请者通过了加州基本教育技能考试，并满足后面三个条件就可以拿到执照。持外国教师执照或是在外国的师范学校毕业的教师，可以向加州教师执照委员会或者加州州立大学系统的大学教育学院询问如何验证国外的执照或师范资格。通过资格验证取得加州的教学执照，可以节省不少金钱和时间。举例来说，一个在华南

师范大学生物系毕业的教师，只要经CCTC指定的机构证明他在广州的师范学位资格，就有可能马上得到加州的单科（生命科学）初级教学执照。而一个在北京大学毕业的生物学博士，因为没有接受过任何的师范教育训练，即使满足了上面除第三条外的所有条件，仍然无法得到任何教学执照。

教师拿到初级执照以后，必须在三年内在大学修读60个学分（相当于两年的课程）研究生程度的课程，才可以把初级执照换成专业执照。得到专业执照以后，必须每五年更新一次。在更新执照的时候，要求持照人至少教过半年书，并且有证据证明持照人参加了150小时以上的教师进修活动。

二、取得教学执照并不容易

在加州要取得教学执照，并不是一件容易的事情。若CBEST考试不及格，教育学院就不会录取你就读教学执照课程，无法满足修读教育学分的条件。CBEST是一个长达四小时的考试，分英语阅读、英语作文和数学三部分。英语阅读虽然程度只相当于美国八年级水平，但考试的内容中大部分是关于美国特有的文化，会出现生物、医学、人类学、考古学方面非常专业的英语单词。英语作文从前是要求在一个小时之内写两篇作文——一篇小说，一篇议论文。现在改为两个小时。作文考试连美国人都觉得困难，很多英语专业毕业的美国人都有不及格的记录。

通过了CBEST以后，下一步就是决定当小学教师还是中学教师了。在加州，虽然不同校区的教师年薪不一样，但基本上，在同一个校区小学和中学教师的年薪是一样的，均随年资递增。但是，在读教育课程的时候，准小学教师们读的是多科教育执照课程，而准中学教师们读的是单科教育执照课程，上的课是完全不一样的，实习要求也不一样。

申请小学教学执照的教师，必须拥有小学教育预科的大学学位，通过了 CBEST 考试和口试面谈，才有资格被录取。假如没有小学教育预科的大学学位，就必须通过一个教师专业统考，叫 MSAT（Multiple Subjects Assessment for Teachers）。MSAT 是一个长达 6 小时的大型考试，内容包括英语阅读、数学、科学、历史、经济、体育、艺术、舞台表演和政治等。

申请中学教学执照的老师，除了通过 CBEST 和口试面谈以外，还必须拥有未来所教学科的大学学位。比如，希望拿数学单科教学执照的人，必须至少拥有数学专业的学士学位。

美国的公立学校对于教师执照的要求非常严格，没有某一科执照的教师，是不可以任教这一学科的。因此，在美国的中学，绝对不会让一个物理老师去教数学，或者让一个历史老师去教英语，即使那个物理老师的水平教数学绰绰有余，那个历史老师有英国文学的博士学位。原因就是那个物理老师没有数学的教学执照，那个历史老师没有英语的教学执照。

加州公立学校教师的起薪是年薪四万多到五万多美元不等，不同的校区年薪不同。如果有硕士以上的学位，加薪的速度通常比没有的人快一点儿。一些校区会付多一点儿工资给拥有高学位或者双语证书的教师。教师每年都会根据工作的年资调升年薪，不必经过任何的评选，也没有职称的评比。在一些校区，教师在任教的五到七年后，年薪会达到最高；但是另外一些校区则要求教师在任教二十多年后才能拿到最高的年薪。目前，加州教师的最高年薪从六万多到十万多美元不等。另外，假如教师教暑期学校、周末学校、夜校、课后补习，会另外拿到加班费。很多地方鼓励教师给学生补课，对给学生补课的教师除了给加班费以外还有额外的奖励。

加州的教师每年工作 180 天到 184 天，每天工作 7 小时。没有坐班制，没有班主任制度，也没有任何职称评比、升学率压力等。通常都有医疗保险、人寿保险并享受比国家社会安全保险制度更优越的加州公务员退休计划（全美最优越的公务员退休计划，退休后每月最多可以拿到原工资的60%—150%的退休金，死后这笔退休金还可以让配偶一直领，直到配偶死亡为止）。教师不必缴社会安全保险和加州残疾人保险税（每月可以节省大概10%的税金），每年还可以得到联邦和加州政府在收入税方面的优惠。很多校区为了争取让更多人加入教师的行列，给予新教师很多的优惠，包括奖金、免还大学学费贷款、首次购屋优惠等。根据比较，一个年薪3.8万美元的加州教师在扣除各种税项以后的月收入，比一个年薪4.5万美元的工程师还高几十美元。

美国教师为什么会“扔掉课本”

在 AP 中文课程（大学预修课中文课程）刚开始设立的时候，全美国大部分来自中国的高中汉语教师都不约而同地产生了一个问题：“为什么 AP 中文课程不规定一套课本？一门课程竟然连课本都不指定，让我们怎么教？怎么帮助学生应考？”

2009 年，我跟随美国大学理事会代表团访华，跟大学理事会副总裁彼得聊天的时候提到了这个问题，他笑着说：“大学理事会设立了三十几科的‘高考’，产生这样的问题的，你是第一个。”

当然是第一个，因为“扔掉教材”对美国教师来说，似乎是常态。

为什么会扔掉教材？我刚开始踏进美国学校的时候就发现了这种现象，仔细观察以后，先想到的就是金庸在《倚天屠龙记》里面描写的情节：当张无忌和张三丰在武当山上面对强敌挑战的时候，张三丰当面传授给张无忌一套太极拳，传授之后问张无忌：“你忘记了多少？”张无忌说：“忘记一大半了。”武功差的人听到会吓一跳，人家传授拳法给你，你却忘记一大半了，还能应敌吗？

事实上，“全忘记了”更好，因为人家传授的招数，已经全在心中，变成自己的东西了。

扔掉教材的美国教师，很多是教了很多年的老教师，所教的东西已经在心中全部融会贯通，有没有教材，都已经没有什么关系了。

美国的小学长期以来都是没有教材的。主要的原因是小学里一个老师管理一个班级，要负责教所有的科目。因此，教师无法根据课本一科一科、一课一课地教书。在实施了《不让一个孩子掉队法》（该法案已于 2015 年 12 月 16 日废除）后，学校还要统考，还要向全社会公布升学率，于是重新规定必须要有课本，这样教师和学生才知道该考什么。但是，要按照课本来教学，必然导致很多小学的教学法无法进行。比如，“以主题为主的多科整合式教学”（Thematic Integrated Instruction）、“挑战式探究教学”等，因为各科的课本不是按照多科整合的主题式来编制的，必然要经过教师的加工。一加工，必然会打乱课本原来的系统。因此，小学的教师们现在比较痛苦，因为主题式教学驾轻就熟，可是统考按照课本来考，考试的时候可能有些内容还没教到。美国某些州还把教师的工资跟学生的统考成绩挂钩，学生考不好，教师要喝西北风，因此，这个问题已经严重影响美国小学的教学现实了。

在中学，课本的使用要求比较严格。主要的原因是美国的大学对于高中的科目应该掌握什么内容有严格的规定，若教师没有教好，整个城市的高中都会被列入黑名单，从这个城市任何一所高中出来的毕业生，都可能进不了好大学，所以，老师们兢兢业业，严格按照课本的要求来教。但是，因为中学是单科制度的，一个老师负责教一科，时间久了，这个科目应该教什么，教师自然心中有数，于是，慢慢有人开始扔掉教材，尤其是基本没有什么变化的科目，如英语、数学之类。但是，像生物、环境科学、化学这些科目，任何最新的发现都会及时反映到课本里面，老师们就不太可能随便扔掉课本了。而 AP 课（中文除外），因为教的是大学二年级的课，大学课本几乎一年一改，最新的教学理念和方法都是由美国的大学老师开始的，所以，中学老师也不敢随便扔掉教材。

当然，不少美国教师扔掉课本是因为他们懒，几十年如一日，炒同样的冷饭也不会有人追究他们的责任，更不会像中国的高考那样，考题可能就出自课本里的一段小注解或者某张图下面的几个字，不精确研究课本，就等于自杀。

第三章

美国学生的真实生活

美国学生要上补习班吗

美国学生并没有上补习班的传统，原因有以下几点。

第一，美国人不相信“不要落后于起点”，他们相信的是“不要落后于终点”。所以，全球排名靠前的大学基本在美国，而美国的幼儿园儿童和小学生全在玩。刚刚通过的全美统一课程标准要求学前班四五岁的孩子掌握英语拼音，引起了教师和家长的一片讨伐声，说剥夺了孩子的童真，孩子们没机会玩了。在初中，还有家长组织了“废除家庭作业”联盟，家长们找了很多教授专家写书证明家庭作业对孩子心理的残害，在各地公立学校组织“不布置作业”的运动。既然没有人害怕自己的孩子将来因为不会外语、不会奥数、不会音乐、不会才艺而比别人差，当然就不会有人把孩子从小往补习班送了。

第二，美国的绝大部分公立学校是 13 年全免费义务教育，学生就近入学。无论是上小学，还是小升初、初升高，全都不用考试。想上好学校，只要有钱能买或者租好学校附近的房子就可以了。旧金山更好，住在越穷的社区，家庭收入越低，越能进入好学校。越有钱，住在越好的社区，越难进入名校。既然是按地段升学，搞定学区房就好了，根本就不需要上什么补习班。

第三，在美国读书比在中国容易。在中国，我们经常看到新闻说小学生的家庭作业、假期作业难倒教授，甚至连大作家王蒙都不会做孙子的语文作业等。在中国读过书的人都知道，上课的时候认真听课学会了老师讲的东西，课后认真复习，不等于会做家庭作业，更加不等于考试能拿到好成绩。然而，在美国，大部分小学是没有课本的，老师的评分只有三级：优、良、需要改善。学生基本玩着玩着就过了一年，有时候也搞个研究、写个论文啥的，看上去挺有素质，其实真正过硬的东西没学到多少。到了高中才是玩真的，某些科目，尤其是大学预修课程，学生得玩命学习。然而，在美国高中，任何智商正常的人只要上课认真学习，课后认真复习、做作业，一般拿个A是没有问题的，完全不存在“上课学会了，却仍然不会做作业，考试成绩差”这样的问题。因此，花钱上补习班完全没有必要。

第四，美国的反智倾向在公立学校中非常普遍。一个读书很厉害、学习成绩很好的人，往往是被孤立、被歧视、被欺负的，通常被称为Nerd，就是书虫、书呆子的意思。成绩一般，可是会打篮球，在校橄榄球队当四分卫，或者是校摇滚乐队主唱，受欢迎的程度最高。因此，美国孩子放学以后参加最多的课外活动就是体育活动，假如要上补习班，也是跟体育活动有关的。而课后的体育活动是非常专业化的，有定期的联赛、升级，越高级，请教练就越贵。美国在奥运会上取得的金牌那么多，全都是美国人民花钱通过大规模群众性的课后体育专业训练堆出来的。既然没有人喜欢当书呆子，补习班自然就没有市场了。

第五，美国的阶层观念比较稳定，一般人基本上都满足于自己所在的阶层，很少有非分之想。于是，我们经常看到在一个地方，富豪的子弟都上某所富豪私立高中，中产阶层子弟上好区的高中，劳工阶层子弟上普通高中，大家都知足常乐。只有华人移民才会拼命把孩子往富豪私立高中送，或者督促孩子上补习班，去考明星高中之类。因为美国的劳工阶层子弟很少会试图挤进明星高中或私立名校，他们自然也就不会去上补习班提高自己的考试成绩。最重要的是，要通过考试录取的公立中小学校在美国凤毛麟角，即使想去，都不知道在什么地方有。

说了这么多，美国的培训班、补习班是不是就没有生存空间了呢？当然不是！东亚地区有传统的补习文化，因此，在华裔和韩裔聚居的地方，补习班一家接一家地开。尤其是SAT或者ACT补习，动辄学费要几千美元的课程，生意也非常好。另外，针对美国名校对课外活动和领导才能的要求，这些补习班还搞包装，比如，组织学生去非洲救济战乱中的难民，到中国的地震灾区赈灾等，说成是学生自己组织的社团活动，来迎合美国名校青睐的“改变国际”的领导才能要求。

另外，每年有很多美国学生因为不认真读书、考试不及格而拿不到足够的学分高中毕业。于是，政府每年都拿出很多钱办补习班，让学生在晚上、周末和假期去上课，把不及格的课补上，以拿到足够的学分毕业。这也是一种补习班吧。

除了为升学准备的补习班，美国还有专门为天才儿童准备的培训班。比如，地区奥数班就是为一些数学天才寻求更系统的训练和挑战自己的机会而开办的。但是，这些培训班完全是以感兴趣为原则，假如不是天才，家里根本就不会专门去找这样的地方把孩子送去。

美国教育提倡各尽所能，各取所需。学生们不需要为了自己不喜欢的东西而去上补习班或者培训班，但是，这并不等于美国没有补习班或培训班。

美国有重点学校和重点班吗

很多人以为美国的教育制度比中国好，还有想象中的、连美国人都没听说过的“素质教育”。因此，像重点学校、重点班，在美国是肯定没有的。

错了！美国的公立学校里不仅有重点学校，而且几乎所有中学都有重点班。

美国公立学校里面的重点学校分为两种，一种是叫“学术学校”，比如学术初中、学术高中等；一种叫“特长学校”，比如艺术高中等。

学术学校的特点是录取学业成绩最优秀的学生。申请进这种学校的学生，要么必须参加一个非常严格的淘汰性的入学考试，要么全州统考成绩和平时成绩都非常拔尖。

特长学校的特点是录取具有某种特长的学生。比如钢琴弹得好，舞跳得好，或者数学特别好等，通过考试选拔，择优录取。

美国的公立学校因为要体现公平的原则，本来是不可以用考试的办法来择优录取学生的。美国是13年义务教育，所以，任何学生想上学读书，只要到校区登记，有住址证明是在该地区居住，就能入读该地区的公立学校，不需要参加考试。但是，美国的教育系统里面还有重要的一环，那就是有一个机制让特别优秀的人才能够得到适当的培养，不会淹没在碌碌无为的人中间。重点学校就是这样产生的。通常，每一个地区只有一所这样的学校，甚至一个州才有一所这样的学校。比如纽约的史岱文森高中（Stuyvesant High School），学生全都是精英加天才，1/4的毕业生进入常春藤大学，校友里面出过八个诺贝尔奖得主。这所高中是通过考试择优录取的。因为这所高中的存在，竟然导致在附近开设针对入学考试的补习班成为了一个非常赚钱的产业。

旧金山的洛厄尔高中也是这样一所重点学校，学生是来自旧金山市成绩最好的 2600 名高中生。这所学校是综合全加州统考的成绩和初中阶段的平均学业成绩来录取学生的。

在重点学校读书的学生，在“好成绩、社交活动、睡眠”这三样东西中，只能选择两样。所有学生都是拼了命学习，因为老师是采用二次评分的方式来给成绩的：在班里面排名前 10% 的学生拿 A，次 10% 的学生拿 B，等等。假如全班学生都考 90 分以上，只有你考 89 分，一样是不及格。重点学校里面能比普通高中开更多难度大的学术课程，比如被称为“大学预修课”的课程。即使是同样的课程，重点学校的学生也比普通学校的学生学得快，学得深，因为学生全都学有余力。

由于美国的公立学校的哲学就是提供一个地方让孩子接受教育，并没有规定一定要学到多少东西，更加不会像中国学校那样，一定要硬性规定学生学什么，老师教什么，升学率达到多少。因此，很多差的公立学校其实是学习有困难的学生混日子的地方，教师根本无法有效地组织任何教学活动。在这种情形下，很多学生虽然拿着及格的成绩一直升上高中，但其实什么都没学会，什么都不懂。但是，美国的高中，无论公立还是私立，都有向大学输送合格学生的任务，这对于学生是否具备一定的学术基础，还是有点要求的。在这样的情形下，大部分公立高中都会开设重点班（honors class）。重点班的学生成绩一般都比较好，最重要的一点是，他们都是想读书学习，而不是到学校来捣蛋、吸毒、酗酒的学生。而对老师而言，重点班也是公立学校里面唯一能教书的班。在高中，除了重点班以外还有大学预修课程班，也就是学习大学课程的班，这种高于高中程度的班，当然也是重点班的一种。

把程度相当、愿意学习、能力也比较强的学生编在重点班，可以让学生学到东西，也让教师的教学更有针对性。但是，美国教育界的一部分人一直想取消重点班。他们认为重点班歧视非洲裔和拉丁美洲裔学生，会加剧种族隔离，让学生失去自信心等。但是，这并没有阻碍重点班的不断建立，更加没有阻碍初中和小学设立重点班的做法。

美国人为什么要择校

很多人都说，美国人是不择校的，因为美国人从幼儿园到12年级，全部实行免费公立教育，根本就不需要择校。其实，这个说法并不对。

美国大部分公立学校是就近招生的，因此，好的公立学校所在的校区的房地产也就比较贵。美国人是根据财富的多少分区域居住，富豪绝对不会住在平民区，而普通中产也绝对买不起豪宅。假如一个人买不起豪宅，只能住在平民区，但又很希望子女上好学校，唯一的选择就是把子女送往私立学校。当然了，富豪们和富裕的中产们很多根本就不考虑公立学校，只把孩子往贵族私立学校送。在美国买房子，除了地段还是地段，就是这个道理。

这个现象从1970年代以后就不断受到挑战。原因是美国的有色人种（非洲裔人及拉丁美洲裔人）大部分都生活在大城市里面（美国的穷人大部分生活在大城市里，因为买不起车的人无法生活在郊区），或者在比较差的区里面，这些地方的公立学校都不好。于是，代表有色人种的“美国人权自由联盟”就在美国各地发起了多起法律诉讼，控告各地校区歧视有色人种，导致公立学校种族隔离，于是穷人只能够读差的公立学校。（其实，这些诉讼很多是毫无道理的，因为美国人在买房子的时候是根据贫富来买的，有钱人当然就聚居在一起。所以，学校的种族隔离根本就是因为房地产市场的种族隔离导致的，并不是校区有意要把有色人种集中在一起。）

因为不断遇到毫无办法解决的法律诉讼（要从根本上解决这个问题，只能够在一个地方用规定种族配额的办法卖房子，用人为的方式规定某个种族在某个地区最多只能占百分之几。但这是与美国宪法相违背的！），各地校区只好各出奇招来应付。旧金山是全美最奇葩的城市，对于学生入学的分配干脆实行“打土豪、分田地”的理念：凡是住在比较富裕的区域或者富豪区的学生，一律分配到最贫穷区的学校去；凡是住在最贫穷、治安最差的区的学生，一律优先分配到最好的学校！

实行这个政策，住在最贫穷区的有色人种大多无所谓，他们大部分还希望孩子留在自己区内的学校读书，因为很多人都没有车，也不想走那么远送孩子上学。但是，住在好区的有钱人和中产人士就不干了，人家多花那么多钱买了好区的房子，就是希望孩子能在好区读好学校。于是，能出走的有钱人便跑到郊区或不实行这种政策的地方去买房子，把孩子送到那里的学校去；更多的，当然就是把孩子送去私立学校了。自从这个政策实行以来，根据统计，旧金山城西（中上阶层居住区）的私立学校数量竟然增加了三倍。最惨的是收入居中的华人移民，他们大部分不是有钱人，但是，他们最重视子女教育，最重视买好区的房子。结果，买到好区房子了，却发现子女不能到街道对面的高中上学。而因为买房子花了很多钱，他们也没有钱送孩子到每月三四千块钱学费的私立学校去了。于是，每年都可以看到在校区门外拉横幅抗议的华人。可是，华人的政治力量不足，票源太少，没有人理睬。

我所在的高中是旧金山城西最有名气的普通高中，深受华人家庭欢迎。每年有四百多个新生的学位，却有五千多学生申请，靠电脑抽签，必须住在贫穷差区才有比较大的机会被抽中，据说比哈佛还难进。但是，我们的中文沉浸（immersion）课程，只要通过了就保证有一个学位。每年都有一千多名学生考中文，但能考上的寥寥无几。

鼓吹美国“素质教育”的大佬们，大概想破了脑袋都不会想到，在“素质教育”的故乡美国，竟然会出现因为学生的人数太多，要靠考中文的方式来淘汰过多的申请人的事情；更加想不到，教育如此先进的美国，也有择校的现象吧！

美国人为什么没有“早恋”的概念

“早恋”对于中国老师和家长来说，是像洪水猛兽一样的东西。很多国内的朋友对我说，很想在孩子读完初二后就送出国留学，可是，就怕孩子在国外早恋，怕孩子吃亏或学坏。

美国人是没有“早恋”这个概念的，因为在美国人的中小学性教育课程里面，“约会”（dating）跟“恋爱”（falling in love）是两个不同的概念。“约会”是男女间开始交往，可以是一群男女一起参加某些活动，也可以是一对男女一起参加某些活动。约会的男女朋友可能有亲密的举动，接吻、拥抱甚至上床，但非常重要的一点是，约会并没有婚嫁的承诺，主要目的也不是为了结婚。因此，在中学，甚至小学，美国的学生有很多人有男女朋友，学校还会安排舞会或者“情人节大告白”之类的活动，鼓励男女学生约会。美国人认为约会可以让人学会怎样跟异性相处，学会尊重、迁就、妥协和负责任，是青少年成长过程中不可缺少的一个重要的环节。一个人假如没有三五次的约会史就结婚，会让人感觉这个人有点变态。

正因为约会是“学习恋爱”，因此，家长根本就不担心孩子将来会嫁给这个人或者娶这个人；同时，在约会的关系中，分手也非常普遍，美国人认为孩子是在学习交往，在 15 岁的时候失恋分手总比在 25 岁的时候失恋分手要好。从十几岁就开始体验失恋和分手，这对于一个人的人格成长和成熟有非常大的益处。中国教育界一直在推崇美国根本就不存在的“素质教育”这个概念，却对美国中小学鼓励学生约会交往这一非常有助于培养学生素质的做法视而不见，实在是令人不解。

经过一段时间的约会以后，双方关系进入了成熟的阶段，这时才叫“恋爱”，双方才开始谈婚论嫁。中国人往往以为美国人在男女关系上很随便、很自由，其实，大部分传统的美国人对于恋爱和婚姻是非常严肃的，因为成功的婚姻是事业成功人士的象征之一。中国人所看到的美国男女关系自由，其实是他们约会的自由，到真正恋爱了，大家都非常认真，因为恋爱是以结婚为目的。经历了年轻时候的约会，恋爱中的男女已经能用非常成熟的方式来交往，来考虑两个人在经济、情感和未来家庭计划方面的所有问题了。

约会会不会造成学生无心向学或者青少年怀孕的现象？当然会！但是，因为美国社会对于约会不是绝对禁止，而是加以鼓励的，所以，小学五年级的健康教育课程就开始教育学生如何处理约会中的心理和生理问题。例如，高中健康教育课的青春期性教育部分，就很详细地告诉学生：在性激素的作用下，男女有怎样的性心理，性欲产生的过程，可以采取哪些避孕方式和到什么地方可以获得避孕用品等。同时，教师还跟学生讨论约会中的男女应有什么样的关系和行为，约会对正常的学习有怎样的影响，禁欲有什么好处，性病的种类和预防方法等。当学生们掌握了比道听途说得来的东西更全面、更科学、更精确的知识以后，男女关系也不再神秘，学生只会把约会当成促进自己更加努力学习的动力。

假如中国人放弃“早恋”这个概念，跟美国人一样，女生可以在八九岁就跟男生交往，上大学的时候，每个女生都有过三四次约会经历，我们可以预期“剩女”这个概念将彻底消失，中国人也会活得更轻松，更成熟，更自信，更幸福。

美国高中生晚上要熬夜学习吗

很多人认为在美国读书很轻松，假如能到美国的高中留学，毕业后进名牌大学就跟玩儿似的，毫无压力。其实，这种看法大错特错。

的确，美国的中学生毕业以后的选择比中国学生多很多，有没有任何入学门槛的社区大学，只要年满 18 岁就能入读，无需通过任何入学考试。在社区大学完成了基本的大学一年级和二年级的课程以后，完全有可能转到一所名校，把剩下的三、四年级的课程修完，也算是从名校毕业。（因为美国的世界级名牌大学比中国多很多，因此，随便一所州立大学在世界的排名都有可能比清华北大要靠前，而州立大学的录取门槛也不高。）因此，想进普通大学，美国高中生实在不必熬夜，只要老老实实地认真学习，每一科都取得良好以上的成绩，进普通的州立公立大学也是不成问题的。

然而，这对于想进名牌大学的学生来说并不适用。曾经有人说，美国名校多，因此，学生不会像中国那样全都集中在清华北大。然而，即使集中在八所常春藤盟校，竞争也是相当激烈的。全美国有三万五千多所高中，假如常春藤每所学校都录取一千名新生，也只不过有八千个学位。那三万五千多所高中每所高中有一个最好的学生申请，就有三万五千多个申请人。所以，美国的名校录取率基本都在百分之十几甚至百分之几，可见竞争有多激烈。

美国大部分世界级名校是向全世界开放招生的，没有地区歧视，甚至一个在中国的学生想进哈佛可能比一个在波士顿的学生还容易些。所以，美国学生并不具有多少优势。

想进美国名校的学生，从高中一年级（九年级）开始，就必须一直选修最具有挑战性的、难度很高的课程，甚至是大学程度的课程（AP课），而且，还要保持平均分满分。美国高中的科目评分不是根据一次考试决定的，而是综合平时作业、研究项目、考试测验等进行综合评价。哪一个方面差了，都可能把整体成绩拉下来。最惨的是，一个科目的成绩差了一点点，是无法重修的。一两次考试拿好分数容易，可是从高一一直到高四每一次交上去的功课或者测验都拿好成绩，这样就很难了。为了保证自己交上去的功课每次都是最好的，美国很多学生都熬夜写作业或者做研究写论文。

美国高中生可以选很简单容易读的科目，也能毕业，可是想进名校就没有竞争力；若选修很难的科目，其难度就比中国高中的课程高很多了。假如是学文科的，就要读很多书，查很多资料；假如是学理科的，同样也要读很多书，还要用课余时间做实验。假如上大学的科目，老师则是按照大学生的程度来要求的，无论是作业量、题目量和阅读量都比高中课程要多得多。天资不是太高却硬要上这些课的学生，只有用勤奋和时间来换好成绩了。

举例来说，我所在学校开的“中国语文荣誉课”，学生经常要在一个星期内通读某一个作家的三部以上作品，分析其写作风格，分析各种修辞方法对于表达主题的影响，分析相似主题的不同表达方式，而且还要跟同时代的其他作家做对比，然后写出自己的观点，并使用作品中的具体例子来支持自己的观点，论文至少要写 15 页。这样的要求，即使在中国的高中语文课里面都不可能存在。英语作为学生的母语，AP 课的要求就更高了。中国高中的母语课（即语文课），绝对不会要求学生填词写古体诗，也不会要求学生写短篇小说。但是，在美国高中的英语课中，“按照一定的韵律写古体诗”就是基本要求，写短篇小说还必须仿照某种风格，不能乱写。

这样难的课程，不花时间是不行的。但是，美国的名牌大学在录取学生的时候，学业成绩仅仅是考核标准中的一部分。另外很大一部分要看学生是否具备领导才能，是否能成为未来世界的领导者。名校因为申请的学生众多，已经不满足于普通的义工经验或者社团活动的领导经验了，它们动辄要求学生具有国际视野，有能够改变国际政治经济生活的活动经验。积累这些活动经验，也是需要花时间的。

2008 年，我有一个学生考进了常春藤盟校之一的布朗大学，获得了全额奖学金。她最突出的活动经历是成立了一个“缅甸女生扫盲促进基金会”，帮助缅甸的女孩子上学读书。因为时差的关系，她经常要在凌晨跟缅甸那边的学生领袖通话联络，刚好就利用这个机会熬夜。她说，她经常会在晚上八点左右睡觉，然后把闹钟调到两点，凌晨起来以后就熬夜到早上六点，又是新的一天。

“读书、参加社会活动、睡觉，我只能要两样。”这个女孩子说。

她代表了大部分没有校友关系，不是富豪，但却希望进入美国顶级名校的美国学生的共同经历：天下没有白吃的午餐，想进入竞争白热化的名校，无论是在中国还是在美国，熬夜的程度都是一样的。区别是美国的学生是自觉选择熬夜，中国的学生可能是被迫熬夜。

美国的学生守则包括哪些内容

在网上曾经流传一篇《美国与中国的小学生守则对比》的文章，其实那个所谓的“美国小学生守则”，很可能是一个课堂上学生的行为守则，并非一个校区的学生守则。现在我们来看看下面这个真正的美国学生守则。这是旧金山联合校区学生守则的中文版：

旧金山联合校区要求所有学生遵守以下指导原则：

1. 尊重：

我会以想要别人待我那样对待别人。

我会尊重法律、规则及学校权威。

我会公平对待他人，尊重他人的权利。

我会爱护私人及公共财物。

2. 责任：

我会为自己的行为负责。

我会为我如何回应别人的行为负责。

我会有借有还。

3. 欣赏差异：

我会关注他人的优点。

我会尊重每个人与他人不同之权利。

我会将文化的多样性当作学习的机会。

4. 诚实：

我会诚实待己待人。

我会言行一致。

我不会散布谣言或讲别人的闲话。

5. 安全：

我只从事安全的活动。

我会保持身心健康。

我选择参与能帮助我成为“最好的自己”的活动。

6. 终身学习：

我一踏入学校就会准备好学习。

我做任何事都会尽我所能。

我会积极学习新的技能和正面的解决方法。

当我们遵守指导原则，我们能：和平解决纷争；互相聆听；远离毒品；保持校园清洁；建立健康的友谊；做好自己的课业；保持诚实和正直；保有同情和怜悯之心；捍卫他人的权利；欣赏差异；尊重他人财物；从事安全的活动。

我们反对：欺凌和恐吓；使用武器；打斗、威胁和暴力；持有和贩卖毒品；涂鸦和破坏；帮派活动；作弊和剽窃；伪造和篡改；性骚扰和性侵犯；敲诈和勒索；抢劫和偷窃。

首先，从以上的美国学生守则我们可以看出，美国也有类似于中国的“抽象”守则，比如“尊重法律”、“尊重他人的权利”等没有具体操作性和衡量方式的条文。因此，中国的学生守则中存在“热爱劳动”、“热爱人民”之类的抽象条文一点儿也不奇怪。

其次，美国的学生守则着重要求学生遵纪守法，认识到人与人之间是有差异的，在种族、文化、信仰、性别、性倾向等方面均有不同，不可以因为这些差异而产生歧视。同时，还强调了认真学习的重要性和诚信诚实的重要性。

最后，从“我们反对”那一部分我们可以看出，那基本上就是美国公立学校目前存在的问题。

美国中小学生的寒假作业什么样

美国的中小学生没有寒假，只有冬假，就是圣诞新年假期，通常是从圣诞节放到元旦，加起来有两个星期左右。在春天，复活节前后还有一个星期的春假。相当于中国寒假三个星期的假期，美国的中小学校是分两次来放的。旧金山大概是全美国唯一的公立中小学放中国春节假的地方。在中国农历新年期间，旧金山有广东式的花市，有香港式的摆街会，还有从清朝同治年间延续到今天的农历新年大巡游，节日的气氛非常浓厚。

美国学生的冬假，通常也是普通美国人的冬假。圣诞节是很多美国人回家团聚的节日，他们会带着儿女回到老家，跟父母团聚过节。

冬假的时间不长，再加上旅途的奔波，学生们真正在家里的时间并不多，所以，一般学校的老师都不会布置作业给学生。假如不是因为前总统小布什搞了一个《不让一个孩子掉队法》（已于2015年12月10日被废止），规定各州要通过统考来给学校排名，在全社会通过大众媒体公布学校的排名，惩罚排名靠后的学校，公立学校连统考的压力都没有。因此，假如冬假老师给学生布置作业的话，学生会抱怨，家长甚至会到教育局（校区）投诉！

正因为对冬假的作业没有统一的规定，同时，也没有需求（美国公立学校的大部分家长都反对给学生太多的负担，更加反对布置很多作业），所以，要不要布置作业，布置怎样的作业，都是由老师自己决定的。类似于中国的“寒假作业册”那样的东西，大部分美国家长和学生都感到不可思议：为什么放假还要写一大堆作业？

假如老师布置冬假的作业，一般都布置些什么样的作业呢？我在中小学和大学都教过书，这些年跟各年级的老师们了解了情况，美国学生的冬假作业通常包括下面几种。

（1）项目（Project）类作业，这种占大多数。这类作业通常是综合性的，说个典型的题目，比如，让学生到图书馆借诺贝尔文学奖得主斯坦贝克的《罐头厂街》来读，然后去他书中描写的那个城市——蒙特雷市去参观他的博物馆，去走一次罐头厂街，然后做一回艺术创作，比如用照片拼成海报，或者写一本诗集，或者写一篇短篇小说，或者创作一首歌等，来反映你的感受。

小学生的项目类作业通常比较有趣，比如，研究一下雪人最高可以堆多高，把经验写出来，再加上照片与大家分享。或者研究一下究竟是下雪前、下雪中，还是下雪后气温比较低之类的问题。或者是要求学生跟着大人学习做节日的糕点或者菜式。还有很多作业是让学生给圣诞老人写信，并在圣诞节前夜上网关注北美防空司令部的网站，跟踪圣诞老人到什么地方了。

（2）很多初中生在冬假以后就要开始进行“科学大展”了。所以，很多老师会布置学生们利用寒假的时间来准备他们的科学实验，有些要花时间做的实验，最好就是利用假期来做了。

（3）高中四年级的学生在 11 月份已经完成了来年上大学的入学申请，冬假是高中四年中最轻松的一个假期了。但是，很多英语老师会要求他们在冬假背诵话剧的台词，因为新学期一开始，他们会用大半个学期的时间来排演莎士比亚的话剧，然后在班里面演出。

（4）16 岁以上的学生有资格考驾驶执照了，很多高中生利用冬假学车考驾照。

(5) 日记类作业也是美国学生冬假作业的一部分。通常老师会要求学生写三到四篇比较流畅的日记，不可以是流水账，要能反映寒假里面的一些个人思考。比如对一个新闻事件的反思，对一部电影的评估，对一个现象的评判，等等。

美国人不相信“赢在起点”，因此，对于中小学的假期作业不那么热衷。但是，美国人相信“赢在终点”，所以，有很多大学生、研究生，在冬假投入很多精力去做研究、去学习。我想，这也是美国能够经常得到诺贝尔奖的一个原因。

美国的公立学校有留级制度吗

美国的公立教育是13年义务教育制，学生上学完全免费，不用交半分钱，连课本、文具甚至iPad，都是政府免费提供的。低收入家庭的学生还可以享受免费的早餐、午餐、课后补习及下午茶餐。假如考试不及格，还有夜校、暑期学校、网络学校等，有许多机会让他们把不及格的科目重修。

正因为美国的公立教育把学生照顾得太好了，很多学生就觉得读书是一件痛苦的事情。尤其是出身于贫穷家庭的孩子，他们从小就发现父母不怎么需要上班，就能够定期从政府的救济机关拿回来大量的食品。有的还每月定期从政府那里领粮食卡，可以用来买海鲜、牛排之类的食品；领衣服卡，可以用来买衣物、鞋子。而邻居读了大学，刚找到工作，每月省吃俭用，要交税，要还学生贷款，根本就是月光族了。因此，这些孩子对于上学读书天生就抗拒。

所以，在美国的公立中小学，认真勤奋读书的学生可能占学生总数的一半都不到。跟私立学校不同，美国公立教育的基本哲学也不要求老师一定要教会学生什么东西，所以，老师也绝对不会强迫学生读书学习。

有了这些认识，我们对美国公立学校的留级制度就比较好理解了。

美国公立学校是有留级制度的。决定一个学生是否留级，主要考虑两个方面。

第一，学生的出勤时间。美国每一个州的教育法案都规定了学生最少的上课时间，精确到小时。假如一个学生因为各种原因迟到、旷课、早退、请假等，累计上课时间少于教育法案要求的时间，就必须留级重读。因为重读生在某一个年级的累积上课时间肯定不会少于规定（因为是用两年的时间读一年的课程），所以，绝大部分学生在重读一年以后都能顺利升级。

第二，学生成绩。这个问题比较复杂。美国的小学是不计算精确的成绩的，只有“优”、“良”、“需要改善”三个等级。大部分学生若准时来上课，乖乖地参加教学活动，基本都能得到“优”。假如学生智力水平实在太差，或者有行为上的问题，很快就会得到特殊教育部门的关注，被安排专家进行心理测试和智力测试，看是否需要特殊教育。假如属于特殊教育，就很少会得到“需要改善”的不及格成绩。总之，美国的小学生因为两个学期考试不及格而必须留级的，可以说是凤毛麟角。

从初中开始，美国学生就不是一个老师教所有科目了，也开始有比较靠谱的评分标准。老师开始按照课堂作业、家庭作业、测验和考试等来对学生进行评分，分为“A”、“B”、“C”、“D”和“F”。因为大部分美国公立初中的教育哲学是教导学生“学习如何学习”（Learning How to Learn），所以，真给“不及格”（F）分数的老师也很少。初中学生大部分是上六门到八门课，要四门课学年总评不及格才会留级，难度比较大。

美国的高中则完全不同了。因为美国的大学要求十分严格，在录取新生的时候对学生在高中上过什么课、成绩如何等都有要求，加上有第三方的学术认证机构，高中的学术要求就远比初中和小学要靠谱多了。美国的高中“年级”之分比较模糊，因为实行选课制，修够规定的学分就能毕业，所以，假如有能力，高中一年级的学生也能选修高中四年级的课。所以，在美国的高中，“留级”的定义其实是“没有修够该年级足够的学分或某些课要重修”。凡是总评不及格的课，都必须重修才能得到相应的学分。然而，这并不妨碍学生读下一个年级的其他课程。不过高中四年级的毕业生假如没有修够足够的学分，就不能参加其他毕业班学生的活动，比如毕业早餐、毕业旅行、毕业舞会、毕业典礼之类，算是对“留级生”的最大惩罚了。

综上所述，美国既有与中国定义类似的“留级”，也有不同于中国定义的“留级”。但是，在美国的公立教育制度中，有些地方与中国存在很大不同。

第一，美国学校不设留级限额，老师有充分的自由决定谁必须留级，有多少学生要留级。（某些对学生入学成绩有要求的学校，规定学生得到“C”以下就必须开除。）

第二，美国学校对学习能力差，或者接受能力差的学生有专门的课程计划，归属于特殊教育（Special Education）。对于身体有残疾、眼盲耳聋、智力低下、有多动症或自闭症等的学生，国家专门拨款来打造适合他们的课程，同时不允许公立学校把这些人跟普通学生隔离授课，必须让他们跟着大家一起上课，一起活动，以帮助他们以后融入社会。因此，因为学习能力差或者行为方面有问题而造成不及格的情况大大减少，也相应减少了留级学生的数量。

美国有“高考状元”吗

有朋友问我：美国有“高考状元”吗？美国人关心“高考状元”吗？

“高考状元”是个十分具有误导性的词语。在科举时代，所谓“状元”指的是全国考试（殿试）的第一名。地区的考试属于低级别的考试，第一名不可以称为“状元”。比如，乡试的第一名叫“解元”，会试的第一名则称为“会元”。像目前国内这样，一个城市的高考第一名叫“状元”，一个乡镇的高考第一名也被称为“状元”，一时间“高考状元”满天飞，这完全就是炒作。

话说回来了，国内的媒体也炒作过“美国高考状元”，据说是 SAT 考试得满分的人。其实，这也是对美国教育无知的表现。因为所谓“状元”，也就是第一名，只能够有一个。可是 SAT 考试得满分的人每次都不止一个。把 SAT 得满分的人称为“状元”，就跟把所有参加殿试的入围者称为“状元”一样可笑了。而且，美国大学入学资格考试还有 ACT 呢，难道 ACT 满分的人也是“状元”？

美国的 SAT 和 ACT 考试都是使用标准分评分法的，所以，每次考试都有一堆得满分的考生。美国的大学入学申请并不是完全由 SAT 或者 ACT 的考试成绩决定，还要看学生的入学申请论文、学生在高中阶段上过的课以及平均成绩（GPA），以及学生的领导才能和课外活动等综合决定。所以，每年都有大批 SAT 或者 ACT 满分的学生，在申请美国著名大学的时候被拒收。于是，不明真相的国内媒体就用诸如“哈佛大学拒收美国高考状元”一类的标题来吸引读者眼球，以此证明美国并非应试教育，而是“素质教育”，其实，这只不过是中国人用中国眼光看美国的表现而已。

那么，美国人关心“高考状元”，或者那些SAT或者ACT得满分的人吗？

答案是大部分美国人都不关心这些“状元”，理由有以下几条。

第一，大部分美国中学的教师的工资完全不跟该校学生的升学率挂钩，所以，没多少人关心该校有多少学生考上好学校（也因为美国好大学太多，上其中一所著名大学没什么特别了不起）。假如你到一所公立学校，问校长：“你们每年有多少学生考上哈佛？”校长绝对会觉得你的问题很可笑。若再问：“你们的升学率是多少？”那么，无论多么差的高中，校长都会说“差不多百分之百！”

第二，“状元”人数众多，假如媒体想报道，弄一本书也报道不完。而且，这些得满分的人虽然在申请好大学的时候有比较强的竞争力，但却并不保证一定能进某所大学。某个“状元”成功进入某所名校的经验，根本就无法复制，因为每一所大学每年的招生方向和着重点都是不一样的。没人会关心某个“状元”是如何进入哈佛大学或者斯坦福大学的，因为完全按照这个“状元”的方法和成绩来做，结果可能只能进入某所名气不那么大的大学。

然而，最近美国有一个独特的群体，非常关心这些“高考状元”，他们就是开大学申请补习班的机构。这些机构都会在电视和报纸上刊登他们的机构培训出来的“状元”和进入的大学的广告，用来吸引家长们投巨款帮孩子补习，希望能复制他们的师兄、师姐们的成功。在华人聚居的地区这种现象更为普遍，因为华人有“高考”的传统，迷信成绩决定一切，再加上不了解美国大学的申请方式，因此，这些补习班就大行其道了。

综上所述，美国不存在“高考状元”的说法，因为每年 SAT 或者 ACT 考试得满分的人很多，没人关心他们是怎样得到这样的成绩的，因为美国的大学不是完全用考试成绩来决定是否录取申请人的。关心大学入学资格考试得满分的学生的人群，只是补习班机构和不明白美国教育的家长们。

第四章

中国教育要向美国学习什么

美国的基础教育真的比中国差吗

长期以来，国人都存在一个错误的观念，认为中国的基础教育比美国的好。好多有关中美教育比较的文章都提到，美国的初中生还在学算术四则运算，小学则连课本都没有。很多重大的国际学术比赛，中国学生一直能拿到最多的金牌。这难道还不说明中国的基础教育比美国好？再加上美国的政客时常宣扬美国的基础教育差，不如中国，必须多拨款进行教育改革，这更加深了国人“美国中小学教育不如中国”的错误认知。

但是，一些聪明的中国学者马上就发现问题了：假如美国的基础教育那么差，为什么美国能够拥有世界一流的大学和科研创新能力？美国的大学总不会80%以上的学生都是来自外国吧？

对于这个疑问，中国学者的解释通常是：美国的基础教育是素质教育，不强调学生必须掌握多少知识和解题能力，但教师一直在培养学生的创造力和素质。因此，美国学生的素质和创造力提高了，到了大学，自然比只会死读书的中国学生要厉害。

这个错误的解释造成的影响，就是把“素质教育”写进了官方文件，很多中小学为了学习传说中的美国素质教育，轻视知识及技能训练，转而开设各种兴趣班，甚至连高考考点都一改再改，试图尽量向不需要考核知识技能的“素质”上靠拢。然而，因为高考毕竟无法考核“素质”，分数还是最重要的，因此，没有人真的会完全学美国。补习班仍然有，违规补课仍然有，高考加工厂衡水中学仍然得到很多人的热捧。

为什么国人会产生“美国基础教育差”的错误印象？那是因为美国是精英教育，精英们都集中在少数的重点学校里面，不要说走马观花的国人，即便在美国居住了几十年的老华侨，假如本地没有这种重点学校，也无法想象出这些精英究竟是什么样子。

先不说私立学校，我们只讨论公立学校好了。在纽约，有一所非常有名的公立学校，因为这所学校的存在，导致整个区的“补习社”成为一个产业，因为想考进这所学校，要通过一系列考试。有个毕业于该校的校友，工作后成了著名的记者，还获得了普利策奖。他专门回到母校，跟踪采访了一年，写了一本中译名为《揭秘美国最好的中学》的书。在书里面他提到，该校的学生视考入哈佛大学、耶鲁大学、麻省理工学院等为理所应当的事情，甚至进入布朗大学那样的常春藤盟校都感觉抬不起头。这所学校的校友里面，有四个诺贝尔奖得主，还有无数各行各业的精英、政治领袖等。这样一所精英学校，2014 年在全美国三万多所公立高中里面只排行第 69 位。

我们再来看看 2014 年全美公立学校排名第十、在全加州排名第一的牛津学院（Oxford Academy)。这所有着一千多名学生的学校，包括七年级至十二年级，依据学术考试成绩招生。它规定学生高中毕业时最少通过 5 门 AP 课程。AP 课程是美国大学二年级程度的课，假如美国学生的基础不好，怎么才能通过被公认水平很高的美国大学课程？

在 2014 年全美公立学校排名前十位的学校中，类似牛津学院这样要求学生通过若干门 AP 课程才能毕业的还有：排名第五的亚利桑那州北图森基础中学（BASIS Tucson North)（规定修满 6 门 AP 课才能毕业，学生可以在高中三年内毕业或选择高中第四年从事跟大学合作的研究工作），排名第一位的得克萨斯州英才学校（The School for the

Talented and Gifted)（规定至少通过 11 门 AP 课才能毕业）等。

排名第八的得克萨斯州理科公立学校（School of Science and Engineering Magnet），一家只有几百名学生的高中，从高中的第一年就要求学生开始上 AP 课，同时，还要求学生被当地的社区大学同步录取，上大学的课。假如他们的基础不行，哪来的资本在高中第一年就上大学程度的课？跟大学同步录取的，还有排名第七的印第安纳大学附属中学（University High School of Indiana），这所高中是跟著名的亚利桑那大学同步录取的，学生除了上高中的课以外，还上大学的课。

通过以上信息，我们已经很清楚地看到：美国最好的大学，比如常春藤盟校，其实依靠排名前五十的高中，就已经有足够的生源了。而全美有三万多所高中，里面的学生绝大部分根本就不会进入美国那些超一流的大学！

同时，也很容易解释，为什么美国政客老说美国的基础教育不行，因为精英全集中在重点学校啊！为什么上海学生的 PISA 成绩比美国学生好？那是因为美国参加 PISA 的学生是随机挑选的，说不定还有很多来自普通高中的、连四则运算都不会的学生。而在上海能参加 PISA 的学生差不多已经是精英了。

总的来说，美国的基础教育实行的就是精英教育。通过把最精英的学生高度集中培育的方式，最大程度上保证了美国最好的大学有足够的优秀的学生资源。同时，也不会因为把精英跟一般智力的学生混合而导致优秀人才无法出头。

然而，这种做法的负面后果还是有的。负面的后果包括：在精英学校里面，学生由于竞争太激烈导致出现各种心理问题；因为普通学校不需要像精英学校那样严格要求学生，导致不少学生呈现“被放羊”的状态，13 年义务教育什么都没学到，这导致劳动能力低下。这些，也是美国公立教育界一直在试图改变的东西。

中国学霸为什么在美国会得零分

一大早，负责管理学生纪律问题的训导主任鲍尔策就把我叫住了，让我参加他主持的家长会。参加家长会的有我 2014 年教过的十年级学生小宁、她的父母，还有历史老师南希。鲍尔策向我交代了一下开家长会的原因，把我吓了一跳：原来是讨论如何处理小宁作弊的事情。

小宁来自国内一个大城市里面一所相当有名的中学，读书勤奋，成绩非常好，属于“学霸”。她的父母都是大学教授，平时对她也严格要求，所以她的成绩才会那么好。去年，她的父母作为交换学者来到旧金山，小宁随父母来到美国，就在我们学校读书。一个学霸怎么会需要作弊？我看见小宁的父母也是一脸不解，一脸焦虑。

鲍尔策简单说了一下事情的经过：南希老师布置了学期的第一个项目，要求学生们用两个星期的时间做研究，写一篇小论文，内容是关于古代文明是如何影响现代文明的。项目作业必须装订好，打印出来，至少 7 页纸。小宁交的作业是一本打印得非常漂亮的书，足足有 50 页，题目是“中国的四大发明如何影响现代文明”。但是，南希老师认为小宁交上来的作业是抄袭的，属于严重作弊，不仅作业会被记为零分，还会受到停学处分，记入学生档案——这辈子基本就跟好大学无缘了。

小宁的父亲情绪有点激动。他对我说，他不明白为什么小宁的作业是作弊。小宁那天一回家就跟他商量怎样做这份作业。作为一个研究历史的大学教授，小宁的父亲觉得这个题目连他的硕士研究生都很难完成。于是，父女俩讨论了一个晚上，第二天还一起到社区图书馆借了一堆书，又上网找了很多资料，讨论了一天，才确定了论文的题目和内容。之后小宁一个人天天晚上努力读书，上网查资料，记笔记，两个星期里几乎一天都没休息，终于完成了这篇论文。父女俩还非常兴奋，终于体会到美式的研究性学习和素质教育是怎么回事了。可是，怎么忽然变成了作弊？小宁的父亲从包里拿出了他们父女俩的讨论记录，还有借书单，证明小宁的作业的确是自己努力的结果，并不是抄袭的。

南希老师说，每布置一个大项目，她都会要求学生交一份打印版和一份电子版，目的就是为了防止学生抄袭作弊。她有一个软件，可以通过分析学生交上来的文章从而知道是否有抄袭、出自什么地方。小宁的作业里面，有些章节大段大段抄袭维基百科等网站，还有另外十几本书和期刊的论文，已经达到了匪夷所思的地步，全部都由她的防抄袭软件列举出来了。另外，一篇论文不可以是各种资料的堆砌，必须有一个自己的观点，然后使用事实和资料来证明自己的观点正确。小宁的论文，花了很多篇幅介绍中国的四大发明是什么，然后又从资料里面抄袭了现代文明中有哪些东西是根据四大发明而产生的，可是却完全没有谈到"如何影响"这个关键的问题。"因为她根本就没有自己的观点，只会抄袭，当然就无法谈到如何影响了，正是出于这个最重要的原因，我才会判定她这篇论文只能得零分的。"南希老师最后说。在她得知小宁的父亲竟然是历史教授，却没有发现小宁论文里面致命的问题后，感到非常诧异。她说："小宁的论文中没有任何的脚注，没有列出她引用的资料具体出自什么地方，虽然在后面的参考资料中列出了一堆网址和书名，可是根本就不知道这些资料是如何被引用的。难道中国的大学生写论文，要求跟美国学生完全不同？"

鲍尔策则跟小宁和她的父母解释说，引用任何资料，只要超过三句话，就必须清楚标明出自什么地方，不可以只列出一个书名，然后让读者自己一页页去翻。“引用资料证明自己的观点正确”跟“抄袭资料当作自己的观点”有着本质的区别。

南希老师说，她现在知道了原来中国的学生不像美国学生那样从小接受研究方面的训练，甚至大学教授也不具备美式学术研究的能力。她说，论文的页数不需要很多，但是要有一个自己的观点，然后用资料证明自己的观点正确，这比什么都重要。她会给小宁一个机会，重新做这个论文，因为她现在知道小宁不是有意抄袭的，只不过是初中的时候没接受过做论文的训练而已。最终，这次家长会以皆大欢喜收场。

中国教育与美国教育的差距始于高中

美国的中小学教育，尤其是公立中小学教育，跟中国相比其实并不怎么样，中国学生的基础知识和解题能力平均来说明显比美国学生好很多。斯坦福大学的马立平博士曾经做过一个调查，发现 100 多位随机调查的美国小学教师中只有 9 个人正确做出 7/4 除以 1/2 的答案。教师如此，学生的水平可想而知。

于是，很多中国人十分困惑：美国的中小学教育那么糟糕，为什么美国的大学那么牛？为什么美国无论是科技还是人文上的创新，都把中国远远甩到后面？为什么美国每年有多位科学家获诺贝尔奖？

事实上，美国与中国教育的差距始于高中。

第一，学制上有差距。大部分美国高中学制是九年级到十二年级，有四年的时间学习。中国的高中其实只有两年，因为第三年要准备高考，基本上就没有多少时间学新知识了。

第二，课程上有差距。美国高中是学分制的，因此可以开出比中国的高中多得多的必修课和选修课。一个普通的美国高中都能开出上百门的课，跟一所小型大学差不多，这一点中国大部分高中都无法相比。

第三，教师的水平有差距。美国的高中因为要开设大学的课程，对教师的要求就很高。美国的高中教师很多都有硕士学位，有博士学位的也不少。美国的教师执照课程跟中国也不一样。在中国，读师范专业，四年本科，能考到教师资格证就能当老师。但是，美国人要当教师，无论拥有何种学位，一律要读两年的教师执照课程。要考进去读，读完还得考出来。假如是本科生，读完四年师范，还得再读两年执照课程才能当老师，比中国教师多受两年训练。因此，在教师水平上，中国就落后一截了。

第四，科目的难度有差距。美国的高中可以开相当于大学一年级或者二年级公共课程度的科目，中国的高中很少会开设大学程度的课。

第五，分班依据有差距。在美国每一所高中里面，都是按照学生的程度来分班，有专门给能力最强的学生读的荣誉班（honors class），天才学生读的大学预修班（AP class），全球承认的国际班（IB class），等等。这跟中国不按照学生的程度分班教学，全部混合在一起教的做法，效果完全不可同日而语。

第六，课外社会实践有差距。美国的大学、科研机构、医院、政府机构及商业机构，都有专门的部门负责协调高中生的课外社会实践和科研活动。因此，美国的高中生可以到大学上课，拿大学的学分；可以到科研机构，跟科学家一起做研究；可以到各级政府机构去当官员的助理、议员的秘书或民选官员的竞选团队义工；在教育董事会（州或县市的教育局的决策机构）里，也有学生委员可以参与公立教育的最高决策。

第七，资源配置有差距。因为美国的高中可以开设很多高难度的课程，而且很多是得到了资金雄厚的科研机构、政府机构或者商业机构支持的，因此，美国高中的配置跟设备，很可能是连中国的大学都望尘莫及的。比如，我所在学校的生物技术课的设备，学生们可以用来检测市场上有哪些食物是用转基因生物做原料的。我的学生就曾成功地在一包某国出产的、声称不是用转基因大豆生产的零食豆干中发现了专门用于转基因的基因表达的启动子，从而证明了这包豆干所用的大豆是转基因的。这样的实验，在中国的大学都未必能做，更不要说高中了。

从上面的比较我们可以知道，中国跟美国在教育上的差距始于高中，到了大学，差距更进一步加大。我们因此不难理解，为什么美国的诺贝尔奖得主那么多，为什么美国是世界科技龙头，为什么美国那么发达。从高中开始，美国人就已经远远领先中国人，美国人相信：笑到最后的人，才是笑得最好的人。

中国教育要向美国学习什么

提到美国公立中小学教育，国人经常会产生一个极大的疑问：不少人说美国的公立中小学教育不行，学生基础不好，国际统一的测试水平处于下游，小学没有统一课本，学生假期长，每天下午三点多就放学，没什么作业……按照这样的说法，美国人的素质应该超低，美国的国力应该超弱才对。然而，事实上美国是世界上唯一的超级大国，在经济、军事、科技领域一直是世界第一。如果美国的教育那么差，怎么会有那么强大的国力、那么强大的科技创新能力?

不少希望学习美国教育制度的国家和地区教育主管人员错误地认为，美国国力强大，是由于教育理论比较先进，因此，照搬美国的教育理论，也能使自己的国家以后像美国那样强大。

2009 年 12 月，我有幸参加了美国一个教育代表团访问中国。这个代表团的大部分成员都是美国各州公立学校的教育局主管、校董事会董事、学校校长以及大学教育学院的教授、系主任等。能跟这些主管本地区公立教育的高层人士、专家们探讨和反思美国公立教育，同时，也在参观访问中国的同时，跟国内的教育部官员、地方教育局官员、校长等交流、探讨，反思国内教育目前的做法，机会十分难得，感觉受益匪浅。

一

在跟美国公立学校系统的高层主管和政策制定者交流时，他们告诉我一件事情。

美国公立教育是哲学决定政策的。这个哲学就是：社会是呈金字塔式建立的，统治者，或者在各领域成为精英的人，是金字塔的顶端，这样的人占绝对的少数，因此，公立教育根本就没有必要也不可能，硬性要求所有学生将来都成为金字塔最顶端的人。事实上，在刚刚建立公立教育的时候，社会上对公立学校学生的要求一直就是“知道如何投票”（know how to vote）和“知道如何平衡自己的支票本”（know how to balance the check book），即平衡家庭预算就行了。直到现在，全美国很多州都设立了“高中毕业考试”制度，但没有任何一个州的高中毕业考试是考英语和数学以外的科目的。这就非常充分地说明了公立教育的定位是什么。因此，对美国公立中小学的一些做法，比如小学不分科目，一个老师教一个班所有科目的课；小学没有课本；升中学不必考试；学生学习轻松，从来没有听说过什么叫作“教辅”；不存在“高考”（SAT跟ACT的考试不是高考）……我们就好理解了。

既然公立教育并不要求学生毕业后成为金字塔顶端的人，那么，这个社会必须能够保障公立教育的毕业生走向社会以后能够有一个过得去的生活。假如社会上的大多数人发现，要求并不那么严格的公立教育培养出来的学生，毕业以后基本都过着水深火热的生活，拿最低工资，没有房子住……那大家还是会不满意。其结果就是：要么改变公立教育的哲学，要求公立教育改变课程，让毕业生能有机会挤到金字塔顶端；要么就是改变社会，让大多数没有成为精英的人，过的生活也不会太差。由于美国的公立教育是真正“公立”的，也就是说，一个地区的公立教育政策基本是由全民投票选出来的校董事会委员们决定的，因此，公立教育该如何走，基本就是处于金字塔下层的大多数人说了算。在保障金字塔下层的人过的生活不会太差这方面，美国一直都做得非常好。比如，美国的汽车工人每小时的平均工资达到110美元，美国的修车工人每小时工资平均达到80—100美元。在旧金山市政府扫地的清洁工，属于政府公务员，年薪几乎可以达到10万美元，假如加班的话，会达到15万美元左右，跟药剂师和家庭医生的年收入几乎一样了。美国修冷气的工人、建筑工人、木工，年薪都比中小学教师的平均年薪要高。在拉斯维加斯赌场里面当发牌的荷官，需要的学历是高中程度，上岗时平均年薪就是3万美元，几年后轻松达到5万美元，还不算小费（小费有时比年薪还多）。当然，处于金字塔顶端的精英，他们的工资更高。我有个学生，大学毕业后继续深造，在斯坦福大学拿到了博士学位，现在是美国国家航空航天局的高级工程师，负责外星探索，年薪60万美元。问题是，当拉斯维加斯赌场的荷官，年薪5万也能够轻松地用十几万美元在当地买到一套全新的200多平方米的别墅的时候，是否非要拿个名校博士，做最尖端的前沿工作，去拿个年薪60万，就是见仁见智的了。

在这个框架之下我们就不难明白，为什么美国的公立教育经常在改革，经常在折腾老师、学生，任何新“理论”、新“做法”，都能随着政治气候一波波地像海浪般打向公立教育，公立学校的学生一直在被实验。美国公立教育从来没有承认过“教育改革取得了重大胜利”，总是有不足，总是需要更多的拨款，继续实验，继续探索，而基本没有任何政客或者大众代表提出过任何异议。然而，少数“精英”公立学校以及所有的私立学校，基本就没有进行过任何新“理论”和“教学方法”的实验。因为统治阶层的精英们都知道，对金字塔底层的人如何糊弄都没有关系，因为这根本就不会影响到金字塔顶端的阶层。诸如纽约的史岱文森高中、旧金山的洛厄尔高中这样的美国精英公立高中的学生所达到的学术成就，仍然是全球大部分国家的高中生无法望其项背的。而那些著名的私立高中，也不是随便收学生一年两三万美元学费的，他们担负着把医生的儿子送进医学院，把律师的女儿送进法学院，把财团董事长的儿女送进哈佛商学院的重任。

二

正当美国公立学校的数学教育几乎彻底毁掉了两三代公立学校学生的同时，美国出现了迈克尔·戴尔、史蒂夫·乔布斯、比尔·盖茨、马克·扎克伯格等一大批创造硅谷奇迹的亿万富豪，他们有人在 30 岁以前就创立了世界知名的高科技品牌。他们之中，有不少人是出自“一塌糊涂”的公立学校，这又作何解释呢？

原来，虽然美国公立教育的哲学传统上基本放弃培养学生成为金字塔顶端精英的做法，但是，却有一套完整的系统，确保学生中真正的天才和精英不被埋没！

从小学开始，学校就通过智力测验和标准考试，找出人群中的精英，冠以“天资聪颖”（Gifted）的头衔，加以特别培养。比如，根据他们的特长，安排特别的课程给他们上。到了高中，更加把大学一年级和二年级的课程下放到高中，以“大学预修课”的名义，提供给天才和精英学习。

要这样做，就不能采用一刀切的教育系统，而一定要使用学分制，为高中生按照自己的特长和潜质选课提供最大的自由度。

但是，使用学分制，对教师的要求相当高，在这方面，中国目前的教育制度和师范培养制度还很难跟美国相比。由于美国的硕士学位大部分只需要读一年，而且可以在职进修，因此，超过 70% 的美国中学教师都拥有硕士学位。另外，因为大学教师跟中学教师的工作量和工资相比，并没有太突出的差别，因此，不少有资格在大学教书、拥有博士学位的人，都安心地在中学任教。于是，即使是一所普普通通的、并不太有名气的公立高中，能开出来的选修课也至少有几十门，有名的高中甚至能开出上百门选修课，跟一所大学开的课差不了多少。能开设这么多门选修课，一个原因是教师水平高，另一个原因就是美国没有大家都必须参加的高考。

除了使用学分制以及下放大学课程到高中让天才、精英学生提前选修以外，美国的大学、研究机构、政府机关和社会上的商业机构，都非常注重跟公立学校建立伙伴关系。

比如，我们都知道美国的教育里面有一项内容，是美国的老师在小学就鼓励学生进行“研究”、“探索”、“构建”、写小论文等。而美国的公立图书馆就专门有帮助学生和老师查找资料、提供研究帮助的图书馆员。而美国的小学生几分钟就能申请一张公立图书馆借书证，不仅可以借到本市所有图书馆的图书，还可以借到全美所有图书馆的书籍资料。在偏远一点儿的地区，公立图书馆甚至定期开一辆大车（流动图书馆车），巡回到各学校，送书上门，送图书馆员上门。美国的动物园也有类似的流动动物园车，把动物带到学校，供学生研究。有一次，我带领学生做一个澳洲动物的探究项目，因为动物园里澳洲动物不多，我就给流动动物园车项目写了个申请。结果，一个月以后，动物园按照我的要求从加州各地的动物园调来了一批比较少见的澳洲特有的有袋类动物，包括树袋鼠、树袋熊、袋兔、袋熊、袋獾、袋小鼠等，开着流动动物园车来到学校，让我的学生亲眼看，亲手摸。像这样的服务，都是完全免费的，是公立动物园、图书馆、博物馆提供给公立学校的服务之一。

商业机构跟学校建立的伙伴关系就更广泛了。比如美国银行、摩根大通银行、花旗银行等，就提供资金在我们高中建立特别课程，让我们的学生选修金融方面的课程，还给我们的学生提供暑期和课后带薪实习机会。微软公司也出资开设课程，让有兴趣的学生通过学习微软课程拿到微软网络工程师资格认证和办公室软件资格认证。美国国会有特别的“青少年认识政府运作”项目，每年出资让经过选拔的高中生到国会当议员实习助理，实地了解政府部门的运作；同时，还出资让有兴趣的高中生在学习“美国政治”课的时候，到首都国会大厦去旅行，实地调研国会是如何运作的。大学和医院都有专门的部门负责跟中学建立伙伴关系，让中学的教师和学生免费参加相关的研究，甚至让天才学生跟着本科生甚至研究生一起上课、做项目、参加国际比赛。

这种制度上的灵活性和多样性，决定了美国的天才和精英学生不仅在起步时比中国学生要早，而且从一开始就在各个领域得到了周到的照顾和极为专业的培养：不仅有社会上各种商业或者科研伙伴关系带来的照顾，而且还在课程方面（比如大学预修课、小学的资优生课）给予特殊培养。甚至，各个州或者城市，都有专门为这些精英建立的“重点学校”——学生要通过考试，凭成绩入学的学校（比如纽约的史岱文森高中、旧金山的洛厄尔高中等），以保证他们得到最能发挥他们的潜能的教育。

三

综上所述，我们可以得出结论，美国的公立学校至少存在着三种学生。第一种是不学无术、混日子、连高中毕业文凭都未必能混得到的学生。第二种是循规蹈矩、能够进入普通大学深造，或者高中毕业后进入技术学院学习一技之长的学生。这两种学生都是各种令人眼花缭乱的“改革”和“理论”的受害者，也是在美国公立教育哲学中不被看好的学生。第三种是天才、精英。这群学生从进入公立学校系统开始，就得到良好的照顾，有完善的制度确保每一个天才都得到最合适的培养。当他们的同学在学习十以内加减法的时候，这些学生在数学竞赛联盟（math league）的特别班里面做奥数题；当他们的同学在家政班学如何洗衣做饭的时候，他们在学如何测试基因序列……没有人用各种古怪的理论去折腾他们，因为美国人都知道，他们是未来的诺贝尔奖得主，他们是未来的世界领袖。

任何在教育上的做法，无论是理论（比如建构主义）也好，教法（比如小组协作）也好，程序（比如在一周内如何安排课时）也好，课本也好，都不可以脱离其使用的框架和背景，更不可以脱离其应用的主要目的。某些国家和地区的教育在引进美国的一些教育做法的时候，只看到美国国力强盛，只看到对这些做法的赞美之辞，忘记了考虑本国、本地区的实际情况，忘记了自身的教育系统是否跟美国一样全面，更忘记了教育本地学生的目的是否跟美国公立教育一样，仓促上马，其结果不言而喻。

美国人怎样研究中国教育

可以说，中国人对美国教育的了解，远远多于美国人对中国教育的了解。然而，在我看来，中国人对美国教育的了解，基本上还是停留在表面：要么是盲人摸象般的“了解”（大部分人走马观花知道一点儿，然后就按照自己的想象告诉国人，要不就将自己子女的例子当成全美国都一样来宣传），要么是肤浅的“调研”（到两三所学校听几天课，看看人家如何上课，然后对比一下国内是怎样做的，就匆忙得出结论）。真正应用科学研究方法，针对美国教育的某些方面进行深入研究，并且应用研究成果来影响中国教育政策的，好像并不太多。吸取美国教育失败的经验教训，避免中国教育重犯类似错误的教育研究，更加凤毛麟角。

普通美国人对中国几乎没什么了解，很多美国人还以为中国人天天吃左宗棠鸡和蒙古牛肉，见面就说粤语。然而，美国的教育界却一直在很认真地研究中国教育，而且是使用科学的研究方法来研究，而研究的成果经常能在第一时间反馈到政策的决策者和制定者那里，从而让美国的教育部门能够评估研究成果，决定是否采用。从美国人研究中国教育的做法中，我们可能会得到一点儿启发。

最早对中国的“全国统一教材”、“全国统一考试”产生兴趣的是布什政府。他们开始对中国的高考产生了强烈的兴趣：为什么中国要举行这种统考？为什么中国的大学录取学生不是像美国那样？这种考试形式可以引进到美国吗？产生这个兴趣的原因是当时从美国的公立学校毕业的学生，有很多人都不具备基本的阅读能力，也不具备基本的数学能力，已经无法适应新时代高科技工作的新要求，甚至连大学招进来的新生，有很多人还要补习高中数学和英语阅读。以比尔·盖茨为首的高科技公司领袖对此非常不满，甚至要求美国国会开放更多的来自中国和印度的工程师签证名额，以解决美国本土培养的工程师数量不足的问题。他们认为，造成美国学生学术能力低下的原因就是美国没有考试，学生有没有学到东西谁都不知道。

于是，美国的教育专家们先对中国的高考进行了科学研究。他们认为，中国的高考是既没有效度，又没有信度的考试。效度是指题目中考的东西究竟跟课本要求、老师教的东西吻合度有多大。假如考的内容跟上课的内容没什么关系，这份题目的效度就差了。假如效度不好，我们就无法知道这一届学生懂的东西跟上一届学生是否相同，换句话说，我们招进来的学生是否就是我们想要的学生。效度不好，就没法得到这个问题的准确答案。没有信度，指的是在难度和题目的一致性方面，每一年的高考都不一样。有时候难，有时候容易，因此，无法知道这一届录取的考生跟上一届录取的考生在能力上是不是一致的。

在得到这个结果以后，专家们给行政部门的意见是：中国的高考并不是一个科学的考试。然而，像高考那样的统考，在经过修改以后，可以成为一个科学的考试。比如说，可以用高考那样的统考形式，设计几套信度和效度很好的题目，来考一下美国的公立学校的学生究竟学到了什么东西。于是，《不让一个孩子掉队法》就产生了。这个法案要求各地的公立学校参加以州为单位的统一考试，根据考试成绩给学校排名和拨款。

到了奥巴马政府时代，奥巴马一直认为中国的基础教育比美国要成功很多。他的依据并不是研究结果，而是道听途说。他认为中国的中小学教育比美国成功的理由是：首先，中国学生在学校学习的时间比美国学生长得多。美国学生一年才上 180 天课，每天才上 5 小时的课，假期没有补习，这样少的时间，根本就不可能学到跟中国学生一样多的东西。其次，目前在美国硅谷工作的工程师，很多都是中国人和印度人。肯定是中国的数学和科学教育比美国好，才会培养那么多工程师在美国工作。最后，中国为什么能举办全国性的统考？肯定是全中国的高中生都学同样的课本。

于是，教育专家们又开始认真研究有关中国的这些传说。经过研究他们发现，原来中国已经没有统一的课本，也没有全国统一的高考了。但是，他们认为这样做似乎弊大于利。美国要改革教育，应该采用中国从前使用过的“全国统一课程标准，统一教材”的做法。

于是，在各州的州长协会的推动下，全美统一的课程标准陆续推出，教育改革进入新的阶段。

我们可以发现，美国人是非常认真地用科学的方法来研究中国的教育，并且很认真地吸取中国教育失败的教训，采用其中合理的方面来做行政上的推广。这一点，值得中国教育界的研究人员和政策制定人员认真学习。

美国教育界这样看中国的英语教育

我跟随美国教育代表团访问中国时，来接机的人员除了教育部官员外，就是当地的导游了。

导游的英语说得很流利，但是口音非常重，而且，很简单的事情，也都说得错漏百出。她自己也知道，所以，重要的资讯，比如明天什么时候起床、明天的日程有哪些等，都重复好几遍。即便如此，很多美国人还是听不懂，要悄悄问我一遍才放心。

当地派负责对外交流的官员来接待我们并担任翻译，还把当地重点中学里最好的英语老师都请来陪同做翻译。结果，在参观当地的一些著名的历史文化古迹的时候，解说员只会说中文，而接待陪同的翻译们却不会翻译了。这并不怪他们，因为诸如“四大名著”、“科举”、“金榜题名”、“忠臣”、“奸臣”这样的词汇，并不是一般的翻译都能把词语背后的历史准确地翻译出来的。问题是，当地旅游部门为什么不找人把解说词翻译成外语，起码翻译成英语，让解说员背熟，接待外国游客呢？

结果，在参观古迹的时候，我拿着导游的麦克风客串了一天翻译。导游不习惯那种说一句、让别人翻译一句的方式（因为她的解说词也是背下来的，而且要带着感情地背诵，假如一句句说，就连不起来了），常常是说了一段，才让我翻译一段。有一个当地旅游学校的老师刚好带着一群学生在实习如何做导游，在旁边跟学生们看了半天，然后就对学生们说："你们要好好学习，将来也跟这位导游叔叔一样，可以用流利的英语向外国朋友介绍咱们家乡的文化遗产！"

在与美国教育代表团交流的时候，老师们说，中国学生学英语是用来考试的，不能对话，更加不会翻译。

美国人问：中国那么多人，花那么多时间来学英语，连考古汉语博士生都要过英语六级，究竟你们要求学生掌握多少个英语单词呢？

"大学毕业的学生起码要掌握五千到六千个英语词汇，才能通过四级吧。"我说。

"还不到一万个英语单词？"几位美国小学老师大吃一惊。"从小学就开始学英语，学到大学毕业，十几年时间，学生竟然还掌握不了一万个英语单词？我们小学二年级的学生都不止掌握一万的词汇量了吧？虽说在中国没有美国那样的英语环境，但是，毕竟学了十几年啊！每年记一千个单词，十二年也记得一万两千了吧？怎么才五六千？这效率也太低了吧？"

"英语教育效率那么低，为什么还要学生学那么长时间？在美国，高中四年里学生学外语也不过一两年时间，学三四年的都很少。把时间节约下来，多学点别的，不好吗？"

"既然中国人那么重视英语，中考要考，高考要考，研究生要考，工作也要考，为什么不立法把英语定为官方第二语言？就像印度、新加坡，沉浸式教学法可以用最有效率的办法教会学生。同时，也让社会上迅速出现一个英语的环境。加拿大人的法语沉浸双语教育那么成功，很主要的原因是法语是他们的官方第二语言。为什么中国不学习他们的做法呢？"

"现在我明白为什么新东方的老总会成为全世界最有钱的老师了。"

"明白有什么用？精英们的英语好，是因为有新东方帮他们考托福，然后他们全跑到美国。英语不好的、没法去美国的人，只能陪着他们浪费自己的生命。”

这些美国人到底是搞教育的，在很短的时间内就看出了问题的关键，提出了很尖锐的问题。

站在大学老师的角度看中美中学语文课的差异

我教过美国大学研究生的课，国内的朋友问我："你觉得你的研究生里面，来自中国的留学生跟美国的学生有什么不同？是不是中国学生的创造力没有美国学生那么强？"我觉得，中美大学生在美国研究生课堂上表现出的差异，其实跟中美中学语文课的差异有密切关系。

首先，很多美国大学教师都留意到，很多中国留学生在大学课堂上不善于表达自己的观点。很多人认为那是因为中国人的英语能力不行，口头表达没有自信，或者因为词汇量太少而无法表达。但是，据我的观察，中国留学生除了口音问题和词汇量问题影响了表达以外，有些英语能力相当不错的学生，虽能说一口流利的英语，可是却让人不知所云，不知道他究竟想说什么。我认为，这是跟中国的中学语文教学方式有关的，中国的中学语文教学没有系统训练学生的口头表达能力。

美国的英语教育，从小学开始就训练学生的口头表达能力。到了中学，还有更加系统的训练。比如，先是教学生书面表达一个观点跟在演讲中表达一个同样的观点，句子的结构跟用词会有怎样的不同，产生的效果会有什么区别。然后，会教学生怎样在小组里面表达某个观点，而组员要记录论点，然后向发言者提问。到了高中，还有所谓的"苏格拉底盘问术"的训练——学生就一个问题整理自己的观点，然后口头表达，而全班同学则针对此观点不断反复盘问，直到大家对这个观点都透彻了解为止。这种训练是非常系统的，学生若没有经过高一的口头表达训练，到了高二学习全班演讲表达的时候，就会茫然不知所措。所以，我们在美国经常会看到美国当地的中文电视台为了某个突发新闻在街头采访民众，美国人都可以有条有理地说出一大串自己的观点，可是唐人街上的中国人，即使是用中文发表意见都结结巴巴，说了半天也不知道重点在哪里，很明显就是在中小学的语文学习阶段根本就没有受过有关口头表达的训练。

其次，许多美国的大学老师发现，中国来的学生缺乏批判性思维。所谓批判性思维，很大一部分是指一个人对资讯的分析、比较、应用和评估的能力。中国的教育很强调复述（把知识完全背下来，或者用自己的话总结出来）和应用能力，对分析能力也有涉及。但是，却基本没有要求比较和评估。

美国的英语教育最先训练的是学生的比较能力：让学生自己去发现两样东西、两个观点的不同之处。然后，是分析能力：分析造成某种现象的原因是什么，有什么证据支持自己的分析。最后，就是评估：按照某些评估的原则，通过对两样东西的比较，或者对一堆东西的比较，来判定哪样东西最符合标准。复述能力和应用能力是最基础的能力，基本在小学四年级以前就训练完成了。

因此，在美国的中学英语课上，我们可以看到学生阅读同一个作家的一系列作品，然后对这个作家的修辞方式进行比较，从而发现这个作家在营造气氛方面有哪些独特的手法；或者通过阅读两位不同作家有关同一个主题的作品，评价他们在表现人与自然的斗争方面谁做得更好一点儿……于是，我们会看到美国的英语课本上的每一节课所教的知识都是线性的、有系统的、有目的的；每一位英语老师在讲同一课的时候，讲的相关文学理论都是一样的，绝不会像中国的中学语文课那样，一百个老师上同一节课，可能会讲一百种不同的内容。

最后，由于中国的学生从来没有接受过完整的批判性思维的能力训练，因此，在阅读方面存在严重的理解问题。可能在中国的语文课上，长期以来一直是由老师告诉学生某篇课文的中心内容是讲什么的，学生只要记住就好了；结果，真的有一篇文章要让学生来判断究竟中心内容是什么，学生反而做不到了。于是，在美国大学的课堂上，老师们经常会发现中国学生根本就不明白某篇文章里作者的意图，不明白中心思想。更可悲的是，因为中国的中学语文课基本上是不教文学理论的，因此，有些中国学生完全无法正确理解一篇使用了“反讽”或者“矛盾”手法的文章，更无法理解文章的“感情”和“色彩”对表现作者意图的作用。

我把这个问题写在我的博客上发表以后，不少读者读了我的文章后，根本就没有理解中心思想，只抓住只言片语就开始评论或者谩骂，有的人则完全是理解错误的。这种现象，跟中国的语文教育也是有非常密切的关系的：中国的中学语文教育好像从来不要求学生通过阅读产生自己的观点，不要求使用阅读的文章里面的证据来支持自己的观点，这导致很多人理解能力较差。

所以，中国学生在美国大学的课堂上表现出的缺点并不是一句“中国是应试教育”或者“中国不培养学生的创造力”就能概括的。我们必须老老实实地承认中国的语文教育存在的问题，承认中国在培养学生口头表达、书面表达及阅读理解能力方面，跟美国的母语教育上存在的差距。只有这样，才能有的放矢，提高教育水平。

郁闷的中国孩子，快乐的美国儿童

在儿童早期教育（早教）方面，中国跟美国在认知和做法上均有不小的差异。

其实，差异在孩子一出生时就出现了。美国人是没有“坐月子”的概念的。假如是自然产的，产妇第二天就起床活动了；假如是剖腹产的，当天就要求产妇洗头洗澡，第三天就可以出院了。很多中国人所谓坐月子的规矩，通通被美国医生称为“公共卫生不发达时期的迷信做法”，属于必须破除的迷信。其实，中国人的坐月子规矩南北各地还都不一样，假如是科学的道理，就应该到处都一样才对啊！比如，北方人坐月子要喝红糖水，可是广州人坐月子从来不喝红糖水，但是却要吃猪脚姜醋。假如坐月子的时候没吃猪脚姜醋，到老了就会落下病根，那从来不吃猪脚姜醋的北方人岂不是全都会在老年时得各种病了？光是这一条反例就可以证明坐月子不科学了。

另外一个显著差异就是训练孩子大小便。美国人认为儿童最早能控制的器官是嘴巴，随着年龄的增长，能控制的身体部位是从上到下的。所以，新生儿嘴巴能吮吸奶，长大一点儿才会用手抓东西吃，再长大一点儿才会抬起上身，然后使用上肢爬，最后才是用双腿走路。所以，美国人反对在孩子年龄较小的时候训练孩子大小便。于是，我们经常会看到四五岁的美国小孩仍然穿着纸尿裤。记得读研究生的时候，学早教理论时我跟教授说，中国人很早就训练孩子自己大小便，父母在孩子七八个月时就抱着孩子训练孩子小便了。中国人还让孩子穿开裆裤，就是方便孩子自己大小便的。教授和班里的美国同学都吓了一大跳：“天啊！这样做不可以！这样会违反儿童心理和生理的发育顺序，导致严重的后果！”

由于中国人大部分家庭只有一个孩子，因此，父母们很推崇“不能让孩子输在起跑线上”。于是，从小就让孩子学这学那，假如一个四岁的孩子已经学会分数的四则运算，父母肯定骄傲得不得了。很多孩子在美国读小学的中国父母都抱怨说美国小学的数学太简单，上五年级了还在学中国小学二年级的数学课程！

可是，美国人不是这么想的。美国人的哲学是“不能落后在终点”！因此，美国教育最好的部分是在大学，在高中，越接近终点的地方越好。于是，几乎每年诺贝尔奖都有美国人获奖。

美国人为什么不怎么看重起点呢？原来，他们有两个理论在指导他们。一个是皮亚杰的儿童早期心理发育理论。皮亚杰认为，儿童在每一个年龄段只能理解某些概念，而另外一些概念，尤其是抽象的概念，是没有能力理解的，即使你教会了他，他也只能像机器人一样做出来，根本就不会有自己的思想和应用，更加谈不上评估和分析了。他们只知其然，根本就不知其所以然，学了跟没学差别不大。

另外一个是埃里克森的心理阶段发展学说。这个理论认为，假如儿童没有达到一定的心理发展阶段，学过的东西遗忘率非常高，所以，提前教他们学某样知识，他们稍微长大一点儿，绝对会忘记，根本就是在浪费时间，还不如让孩子多接触大自然，多玩玩。这个理论也印证了一些双语教育专家的理论：孩子学习外语最好的时间是 12 岁左右，而不是 3 岁或更早。8 岁以前学一门外语，或者能让孩子在说这门外语的时候完全没有口音，但效率并不高，遗忘率非常高。

所以，在早教这方面，美国人没有中国人那么疯狂，很多从事早教的教师和校长对大部分中国很流行的早教理论十分陌生。

但是，美国人并不反对早教。研究表明，4—5 岁的孩子假如接受英语拼音和识字的教育，在读小学的时候，阅读能力会比没有接受过这些教育的孩子要高。所以，美国很多地方政府都拨款给早教机构，让他们重视培养 5 岁孩子的阅读和认识数字的能力。但是，对早教的重视也就仅此而已，并没有勉强孩子再学习更高深的知识。

所以，我们就不难理解为什么美国孩子的童年那么快乐，而中国孩子的童年那么郁闷了。

美国华裔高中生为什么自杀

最近，在旧金山附近的帕洛阿尔托市的甘恩高中（Gunn High School）又有一位华裔学生自杀。该高中已经以华裔学生自杀闻名了，每年都有学生自杀，2009 年甚至有 5 名华裔学生自杀。这些高中生为什么会自杀？

不了解美国教育的人很容易就把这个现象归罪为“学业压力太大”。但是中国的网友们就不理解了：“美国的学业压力难道比中国还大？美国学生一年只上 180 天学，每天只上六小时课，没有寒暑假补习，压力怎么会比中国学生大？”

心理学告诉我们，压力本身并不一定导致一个人自杀。然而，对前途的绝望感和抑郁心理，却常常令人自杀。这些华裔高中生为什么自杀？我认为主要是由父母的不切实际的要求以及学生对前途的绝望感和自身的无力感导致的。

父母的不切实际的要求是导致华裔学生自杀的第一个原因。美国学生本是最不应该因为学业压力太大而自杀的。美国资源众多，一家普通的州立大学，在全球的大学排名可能都比清华北大靠前。因此，在美国读大学根本就不存在任何压力。常春藤盟校、名牌公立和私立大学、文理学院、州立大学以及社区学院，为不同要求的学生提供了不同的机会。一个年满 18 岁的学生，100% 可以进入其中一所大学就读。但是，很多华裔学生的父母不是在美国出生的，他们不知道美国阶层制度森严，不同的大学基本就是为不同阶层的人服务的。这些大学为了保证让自己阶层的后代入学，制定的入学要求自然就让不是这个阶层的人几乎没有机会进入（比如，所有名校都不会只根据学业成绩的高低来招收学生）。不懂这个游戏规则的父母以为，只要强迫孩子死读书，就能让孩子有朝一日从一个中产阶层子弟变成常春藤新生。这种不切实际的要求，自然就把华裔学生逼入绝境。

导致华裔高中生自杀的第二个原因是，自杀的学生无一例外感到对前途的彻底绝望。凡是感觉到能掌控自己的前途和命运的人，是不会自杀的。然而，华裔学生在像甘恩高中那样的名校会发现，自己唯一能掌控的只有学习成绩。他们可以靠超人的勤奋和父母给钱上补习班，让自己的学习成绩一片亮丽。可是，他们却发现自己不具备美国名校青睐的身体素质和能力。而且，美国流行的运动中有好多恰恰是中国人最不擅长的，比如美式足球、棒球、篮球。每当我看见那些勤奋的父母把孩子送去参加美式足球比赛、棒球小联盟，参加篮球课后联赛，真有想哭的感觉：当这些孩子知道无论自己如何勤奋努力，都永远无法成为乔·蒙塔纳（Joe Montana）或者汤姆·布雷迪（Tom Brady）（都是美式足球的传奇明星）的时候，难道不感到绝望？

另外，因为华人在美国属于少数民族，在各阶层拥有的资源比其他族裔的人少。当一个华裔学生看到一个学习比自己差很多的同学，只因为各种人脉关系就进入了市议会当议员助理，从而获得了担任副州长竞选委员会青少年委员长的机会，最终因为这次课外活动经历进入了哈佛大学，他的心情会怎样？难道不会感到绝望？美国的赤贫一族，有时候会因为努力向上奋斗，获得贵族阶层的施舍，如专门扶持赤贫阶层的奖学金等，进入贵族阶层所在的名牌私立大学。可是，美国普通中产阶层子弟基本上是没有这样的机会的。在以中产阶层子弟为主的甘恩高中，很多中产阶层子弟都感觉自己的前途一片黑暗，就是因为他们看到自己永远也不会拥有住在洛斯卡图斯（帕洛阿尔托市旁边以豪宅社区闻名的小镇）山上豪宅的那些学生所拥有的机会。而近在咫尺的斯坦福大学，也永远是他们可望而不可即的一个梦。

因为华裔学生唯一能掌控的东西就是学习成绩，因此，大部分美国华裔学生的学习成绩都非常好。这导致美国名校在录取学生的时候，凡是依据学习成绩选拔的部分，基本就全是华裔学生自己在争。然而，学习成绩的高低跟自身的智力水平、学校的资源、是否上补习班等都有很大关系。一个平均成绩 4.0 的华裔学生，随时要面对一群平均成绩 4.5 的学生的竞争。若自己的平均分只有 3.8 的时候，面临的后果很可能就是几十家美国大学向自己关上大门。一山还有一山高，自己永远也无法爬上巅峰，那种失败感、无力感和挫折感，又有谁能理解？

综上所述，美国的华裔高中生之所以自杀现象频发，除了他们那些不明白美国的阶级社会特性的父母不切实际的要求以外，还因为他们通过跟美国同学的比较发现，“拼爹”拼不过人，赚人品来不及，身体条件不如人，前途一片黑暗，自己无法掌控自己的未来。这导致想法走向极端：唯一能掌控的就是自己的生命了，结束自己的生命变成了向这个无法掌控自己未来的社会的一个强烈控诉。

送孩子到美国读中学是害了孩子吗

随着中国人的经济能力越来越强，把孩子送往美国读书的人越来越多，而送孩子到美国读中学的人数近年来更是成井喷式的增长。很多国人对美国存有玫瑰色的浪漫幻想，认为在这个“素质教育”的国度，孩子肯定能接受到世界一流的教育。假如有人警告说“把太小的孩子送到美国读书，有可能害了孩子”，很多国人都会不相信这样的警告。

美国的中小学水平良莠不齐，私立学校学生的学风和纪律比较有保障。但是，因为私立学校的教师是不需要有教师执照的，工资、福利跟公立学校无法相比，所以，不是名校的私立学校里老师的水平可能不怎么样，教出来的学生水平可想而知。

公立学校的情况就比较复杂了。美国公立教育的目标只不过是培养能“平衡自己的支票本”和“知道如何投票”的社会螺丝钉，因此，没有任何一所公立高中会鼓励学生考取美国最好的大学。假如有一个公立学校的学生跟顾问说：“我将来想上哈佛。”得到的回应90%会是：“哈佛未必适合你。其实，州立大学也不错啊！事实上，你基本没什么机会上哈佛。”正因为有这样的指导原则，我们可以发现，除了少数特别好的，或者是重点学校外，美国公立高中的“升学率”（升读需要通过竞争筛选的四年制大学）都相当低。

比如，我所在的高中是旧金山炙手可热的高中，每年能进入加州大学伯克利分校或者洛杉矶分校这样好大学的学生，不超过20人（毕业生有 500 多人)。而有机会上诸如常春藤或者斯坦福那样的名校的，20年才出几个而已。而进不了名校的原因并不是学生不够聪明、成绩不好，或者素质不高，很多人纯粹是因为缺乏信息，或者不懂升读美国名校的规矩。有一位学生家长曾对我说，他的女儿在国内上重点中学，成绩非常拔尖。他以为美国机会更多，就带着女儿到美国来读中学，结果因为在公立学校升学信息严重缺乏，在备考 SAT 等考试时更加落后于配备有“新东方”这类补习学校的国内同学，最后竟然被顾问忽悠进了社区大学。而女儿国内的同学，尤其是国际班的同学，在有针对性的课程和包装的帮助下，成绩比她差得多的都被美国名校录取。说起来真是欲哭无泪!

美国的公立初中的教育哲学是教学生“学会怎样学习”，因此，对学生的基础知识是不要求牢固掌握的。问题是美国高中的科目，尤其是科学方面的科目，程度却是非常的深。比如普通物理，一开始学力学就要求学生用三角函数来做受力分析，而大学预科物理则一上来就要用微积分。假如不是出自名牌重点初中或者名牌私立初中，学生们到了高中根本就没法选修高层次的数学和科学课。上不了高层次的数学和科学课，想进重点大学基本就没希望了。从中国来美国读书的孩子，在中国时可能是上小学，可是到了美国后根据岁数分班，很有可能被分配进初中(因为在美国很多地方六年级是属于初中的)。如果英语不够好，还很有可能被分到跟拉丁裔学生在一起学英语。拉丁裔学生大部分不爱读书，程度比较差，中国孩子在这样的地方待的时间越长，越学不到东西，到最后连在中国已经会的数学都忘得一干二净。

在美国公立高中，老师是不会追着学生要作业的，一切都靠学生自觉。学生的负担是轻了，每天都没有作业，每天都不用复习，天天下午三点多就放学。同时，美国的老师也不会管学生早恋，未成年男女在一起，只要不被警察抓到喝酒、吸毒，基本上是没有人管的。一个在国内读重点中学成绩优秀的乖孩子，来到美国后假如读公立高中，又没有父母严格监督，可能一个星期就变坏，吃喝嫖赌抽，样样都会了。

我有个学生，他父母花了一大笔钱把他送到美国读私立高中。才一个星期他就说受不了，嫌学校管得太严格，没中国食物吃，连个黄种人都见不到。而且私立学校学费太贵，不值得，希望到旧金山来读公立学校，还免学费。他的父母又花了一笔钱运作，终于让他进了我所在的高中。这个孩子如鱼得水，开心得不得了。为什么呢？我所在的学校的中国学生的同乡会不是以省，也不是以市，而是以小区来划分的！也就是说，我们学校的华人人数多到你可以找到一堆在国内的时候跟自己住在同一个小区的老乡。于是，他上课的时候就发微信，下课就跟老乡们在一起玩。最聪明的同学把作业写好就贴在 QQ 空间，让大家直接抄，反正大部分老师也不批改作业，只看是否都交作业了。过了大半个学期，该生发现自己的普通话水平见涨，粤语水平见涨，就是没学会半句英语。

可惜，这些孩子最终还是得参加高中毕业考试；想上大学，还得考 SAT，考 ACT。在这些真刀真枪的考试面前，什么都没学到的美国“素质教育”的牺牲品们最终是一败涂地。难怪家长们纷纷吐槽：我送孩子到美国读中学，竟是害了孩子！

中国孩子到了美国会怎样变

很多人以为中国孩子到了美国会变成另外一个人，从一般的学生变成天才儿童，考上哈佛、耶鲁这样的名校就跟玩儿一样；或者从普通的艺术爱好者变成专家，举办画展，或者开世界巡回音乐会之类。这种错误认识让国人感觉美国的“素质教育”真的可以让人脱胎换骨。其实，这种印象是十分错误的。以我多年来在美国做教师的经历来看，中国孩子到了美国，假如是进入大城市的普通公立学校的话，大部分会比在国内更差。美国的教育研究数据也证明，中国移民的孩子到美国的时间越长，学习成绩跟普通美国学生越接近，也就是说越差。

不可否认，美国教育中有不少地方是远比中国先进的。比如，美国有一套让天才学生出头的系统，可以让学有余力的学生通过这套系统脱颖而出。美国有鼓励学生创新的土壤，可以让学生的创新能力充分地发挥。最重要的是美国的高中老师大部分拥有硕士学位，很多拥有博士学位，平均而言在学术方面比中国的中学教师要高得多。因此，某些在国内学业平平的学生来到美国后，可能受益于这些因素而变得非常成功。比如，几年前入围被称为“小诺贝尔奖”的英特尔科学奖的一个来自广州的学生，获奖的研究是挑战物理课本中麦克斯韦的理论公式。这样的研究在国内是不可想象的。中国很多大学教师都只停留在“高手匠人”的阶段，距离美国大学教师的“理论创新指导者”的阶段还有一段距离，更不用说中学教师了。

然而，美国公立教育的哲学跟中国完全不同。中国孩子到了美国，变坏的可能性比变好的可能性要大得多！

第一，美国的公立教育并不要求所有的学生都升读大学，更加不要求学生进名校。学生的升学率从来不是考核学校是否有名，或者老师是否教得好的标准。在很多地方，学生的成绩跟教师的工资完全不挂钩，因此，教师完全可以不教书，不管学生。

第二，学生若上课的时候吵闹或者打闹，让老师无法上课，老师会干预。但是，如果一个学生天天上课时就是睡觉或者听歌，不吵别人，老师通常是不管的。从极为严格的寄宿学校来到美国的中国学生，突然发现在美国的公立学校如此自由，16 岁就能拿执照开车，没人管你有没有写作业，没人管你考试拿多少分，没人管你恋爱，甚至在学校 30.48 米以外抽烟也不会有人管了，可能在一个月内就会变坏，成为一个酗酒、吸毒、打架、飙车样样在行的小混混。

第三，美国的公立学校是没有班主任这个职位的。学生一般的学业和心理问题，由顾问负责；严重的纪律问题，比如抢劫、吸毒、逃学之类，由训导主任负责；更严重的问题由校警（resource police officer）负责。不交功课、每次测验都不及格这种小问题，是没有专人管的。很多学生到了快毕业时才发现自己没有修满足够的学分。不要说进大学，甚至连高中毕业都差很远。这时根本就无法补救了。

第四，美国的中小学非常重视家长的参与，家长的重视对学生的成功要起一半的作用。但是，大部分来到美国的中国家庭，可能因为工作关系，双亲一天要工作十几个小时，根本没有时间；可能因为语言障碍，家长完全无法参与，无法要求学校提供给孩子足够的照顾和服务；也可能因为文化的关系，不知道美国学校中家长的权利和义务，以为把孩子送进学校就一切搞定了，不需要自己去管。结果导致没人管孩子，孩子变坏了、被警察逮捕了父母才知道后悔却已经太晚了。

第五，因为美国的公立学校并不要求学生进名校，因此，很多在高中当顾问的人都不知道如何指导学生申请名校。很多在中国都能得到的资讯，反而在美国无法得到。因此，孩子在中国学业水平一般，希望到了美国进名校就易如反掌的家长，应该丢掉幻想。

综上所述，假如孩子在国内时就缺乏自律，成绩又一般，英语能力又差，家长又不能跟来全程监督，最好还是丢掉幻想，老老实实在国内参加高考，考上以后再考虑留学，说不定比在美国读中小学要有出息得多。

中国留学生因何气走美国大学管理学院院长

2012 年，美国的主流媒体纷纷报道了一条新闻，说的是旧金山大学管理学院本科部副院长史密斯教授（Dayle Smith），因为担忧招入过多的英语水平差的中国留学生进入管理学院会影响整个学院的教学和学习体验，而愤然辞职。

十多年前我在旧金山大学教过书，带过研究生，算是该校的校友，对一些中国留学生的英语能力之差有亲身体会。然而，我对这条新闻一直非常好奇：为什么学生的英语能力差会气走院长？

前几天，我遇到了旧金山大学的一个老同事，闲聊后我心中的疑团终于解开了。

旧金山大学这几年大规模扩招中国留学生，这已经不是新闻了。受经济衰退影响，美国的大学面临着政府拨款和私人捐赠减少，退休员工的费用却在增加，由工资的增长等因素导致学费越来越贵，美国学生的人数却不见增加反而减少的困境。于是，美国大学只好纷纷增加招收海外学生，希望靠海外学生支付的高额学费来维持学校的运作。但是，美国大学虽然数量众多，但并不是每一家大学都熟悉海外学生的英语能力。尤其是中国学生，很多人考托福、雅思之类的成绩都还不错，可是真的来到美国的大学课堂上却完全变成聋哑人。而中国留学生最喜欢到美国读的专业偏偏又是需要在课堂上不停地跟教授对话、跟同学讨论的商科、管理科、会计科等专业。有的课堂上一个班 20 人，竟然有 16 个是中国留学生，教授讲课时只跟4个学生有对话，其余的人都像木偶一样，这种情形实在太诡异！据这位同事说，在旧金山大学的管理学院，很多中国留学生要带着电子翻译机上课，至少要带着手机的电子词典上课（很多翻译又是不正确的）。更神奇的是一些有钱的中国留学生竟然出钱请同声传译，上课的时候像联合国开会一样，每人戴个耳机，然后由同声传译在教室后面一边听教授讲课，一边即时翻译，然后通过无线发送到每个戴了接收耳机的人那里。美国教授哪里见过如此阵势？而且，美国大学特别强调互动，虽然有翻译学生能听懂教授在讲什么了，可是人家要求讨论时，你要发表意见，总不能也让翻译代劳吧？

正因为如此，管理学院的副院长史密斯教授就要求大学把国际学生的学业指导权交由管理学院所在的商学院负责，也就是由史密斯负责。这样国际学生来到旧金山大学后，上什么课，要不要规定上过强化英语能力的课才能上正常的大学课程，就可以由他们的学业顾问来决定了。这样，就能改善中国留学生在课堂上当木偶，完全不知道如何参与的情况。但是大学的负责人并没有采纳史密斯教授的建议，仍然把国际学生的学业指导权交给了学生生活部负责。在失望之余，史密斯教授只好愤然辞职。媒体报道说，史密斯教授对学校只顾赚钱而忽视教育品质的做法感到相当失望，同时也对无法给合格的学生提供一个良好的学习环境而感到无力。

现在，旧金山大学已经要求留学生除了托福成绩要达到79分以外，还要求托福考试的每一个部分均不能低于17分。

目前，在美国的中国留学生已经占国际学生的50%，很多美国大学老师都发现很多来自中国的留学生英语能力跟他们的托福或者GRE成绩完全不符，主要是基本的日常对话能力极差，还有没掌握基本的学术词汇（比如，上数学课时不知道“长方体”该怎么说，上经济课时不知道“斜率”该怎么说，上化学课时不知道“烧杯”该怎么说等）。据这位同事说，以前的中国留学生大部分是从香港来的，这些留学生在上中学的时候上电脑、数学、物理、化学、生物等课都是用英语上的，因此，像坐标、方程、曲线、烧瓶、滴管、动能、质量、相关、储存、编辑、路由器等最基本的学术词汇都只懂英语，甚至中文怎么说都不会。他们在美国的大学课堂上，虽然英语说得没有美国人流利，有口音，但交流是没有任何问题的。可是，内地留学生则不同，因为中国内地的英语教育绝大部分不是“沉浸式”的教育方式，因此，学生学了十几年英语，可能都没有机会学“等腰三角形”该怎么说，或者美国任何一个小学毕业生都会的“分子”、“分母”该怎么说。而基本的学术词汇，恰恰是托福或者雅思之类的英语考试很少涉及的内容。

其实，怎样提高中国学生的英语能力跟怎样提高美国学生的汉语能力所面临的挑战是一样的。只不过，在美国学汉语的学生比在中国学英语的学生条件好一点儿：他们几乎 100% 都有母语为汉语的老师教，而且，他们越来越多的人有机会接受沉浸式的教育了。然而，中国学生希望到美国留学，勤奋学英语的动力，则是美国学生远远比不上的。动力，才是帮助人克服一切困难的最大源泉。

信奉“赢在终点”的美国教育

最近我参与接待了一群来自中国的中学教师。

印象中，来游学的中国人以学生居多，即使有教师跟着来，也是跟着学生们走马观花，根本没有什么机会跟美国的教师交流。这一群中国教师是参加了我们这里的市立大学的一个教师培训计划过来的，完全是教师的团体，估计他们在参观美国学校的时候得到的体验就很不一样了。

我带他们参观了我们的生物技术课堂，让他们了解了我们的学生是如何学习一些连国内一般大学的学生都没有条件做的基因工程实验，也让他们了解了我们高中如何跟旧金山加利福尼亚大学医学院一起派队参加世界基因工程大赛，一起进行相关的研究工作等情况。我们还一起参观了经济学、生物和英语的课堂，中国的老师们跟我们的老师进行了简短的交流，对美国高中的课堂、实验室和上课形式有了切实的体验。最后，我们的校长向他们介绍了一下我们学校，并回答了一些问题。

中国的教师对美国高中的一切都感到新奇，问了很多问题。我感觉，他们最感兴趣的一个问题就是：你们学校是如何管理教师的？

这个问题我还真不好回答。在美国当了那么多年的教师，好像没感觉到什么人在“管理”我。

可不是吗？我们上班要签到，下班不需要签到，也没有坐班制。虽然没有规定什么时间必须到学校，但老师们都很自觉，在上课以前肯定会到的，迟到、旷工之类的情况很少发生。教师是一个专业工作，不是电子厂的装配工，不需要打卡上班，打卡下班。假如老师应该在教室里面看着学生，可是人没有到，学生出了事，老师要负极大的责任，谁会拿自己的铁饭碗开玩笑呢？

对教师的评价并不跟学生的学习成绩挂钩，也不跟教师的出勤挂钩，那么下一个问题来了：既然校长不需要事事亲力亲为，不需要管理教师，同时，校长也不教课，那么，校长平时都干些什么？

这个问题太难回答了。我从来没当过校长，怎么知道呢？还是让他们问我们的校长好了。

让中国老师们感到有点惊讶的，是美国的老师只管教书，“班主任”是只在中国才有的概念，美国没这个东西。

“方老师，你觉得美国跟中国的教育最大的不同在哪里？”

这个问题是一句话很难回答的！“简单来说吧：第一，从初三以后美国的教育就开始超越中国教育了。我不是指什么‘素质教育’、‘创造性’之类虚无缥缈的东西，而是说实实在在的硬功夫。在课程的难度上，美国教育从九年级开始就比中国同类的科目要难，很多大学的课程下放到高中，还有很多中国的高中根本就不存在的科目，完全就把中国教育在所谓‘基础知识扎实’方面的优势比下去了。大学更加不用说，许多世界排名靠前的大学都是美国的，一个普通的州立大学或文理学院也许都比中国的名校排名要靠前。而且，美国是真正做到‘有教无类’的国家，无论是天才还是白痴，都能得到最适合他的教育。所谓‘创造力’是没办法教的，但给学生提供自由发挥个人潜能的土壤和机会，却不是任何国家都能轻易做到的。”

美国教育跟中国教育的不同，并不在于美国的四年级小学生不如中国的二年级小学生懂的数学多。美国教育不太强调“赢在起点”。想想看：“赢在起点”哪有“赢在终点”重要？

美国教师如何看中国小学生减负

2013 年，国内教育部出台了有关小学生减负的征求意见稿，引起了大家对小学生减负问题的一些讨论。

趁着周末和一些中小学老师朋友在一起喝啤酒聊天的机会，我跟他们聊起了中国希望小学生减负的这几条规定。对于亚洲学生学习负担重的问题，美国的老师们是全都知道的，尤其是韩国的学生，天天要上补习班，甚至连在教堂唱诗班的人都要去补习班以提高自己唱诗的水平，这已经让美国老师们感到匪夷所思了。所以，对于让小学生减负，老师们普遍持赞同的态度。

然而，听到减负的具体内容以后，美国的老师们问题就来了。他们提出的最大的问题就是“严禁违规补课”这一条。“我们这里鼓励老师给学生补课，补课有奖，还有加班费，政府只要有钱给教育，第一样就是给教师钱为学生补课，这样能帮助跟不上的学生啊！学生若上课跟不上，负担不是加重了吗？还不许补课，那公立教育不就成了私立教育了吗？不明白！”

美国老师提出的第二个大问题就是不明白什么叫“一科一辅”。我跟他们解释说，就是规定家长只能买一本教材、一本教辅。老师们全跳起来了：“什么？中国不是在实行公立教育吗？为什么家长要买教材，而且还要买教辅？校长和学校岂不是很容易贪污？校长可以规定必须买什么课本和辅导书，那吃多少回扣都可以啦！在美国，这个漏洞还没开始出现就被堵上了，怎么中国人不明白这个道理？”

也难怪，美国的公立教育中学生根本不需要买课本，同时也没有教辅书的概念。一位大学教授这样猜测为什么中国会出现“教辅书”这个怪胎：“中国缺乏专业的课程专家，只有教育行政管理人员，他们对课程一窍不通，因此，只能组织一些编辑编课本，但具体怎么掌握课程还得靠老师。也就是说，‘教什么’和‘怎么教’都得靠老师。假如老师经验不足，很可能就会害了学生，让他们无法升学。因此，只好依靠有经验的教师编写教辅书来指导‘教什么’的问题。假如美国的公立学校无法告诉家长和教师‘教什么’，坐上被告席就是迟早的事了。”

美国老师提出的第三个大问题就是，不明白为什么中国一向做得不错的“重点学校”、“重点班”的做法，被以“减负”为名彻底毁掉了，变成了像美国很多垃圾学校一样的做法：好学生跟差学生混在一起，老师没法教，学生也学不到东西。“中国的学校本来就缺乏像美国学校那样对天才学生的一整套培养途径，假如不使用把优秀学生集中起来教学的方法，比如重点学校和重点班之类，中国很快就会丧失现在的人才优势。现在美国信息工程界大部分优秀工程师都是中国培养出来的，美国大学中很多优秀的留学生都是从中国来的。但是现在中国竟然学我们公立学校前些年实行的错误方法，竟然把好学生跟差学生混合在一起了，以后我们可能再也没办法得到中国的优秀人才了！”美国一位教育局的高层人士忧心忡忡地说。

最让大家觉得不可思议的是取消一至三年级的统考、减少测验考试次数，从四年级开始，除语文、数学、外语每学期只许考核一次外，不得安排其他任何统考的规定了。有个小学老师大笑着说：“我肯定这条他们不是向美国学的！我每个星期都有测验！假如不准我测验，我的学生是不是在用心读书我就不能保证了。”

另外一个小学老师说：“这一条也证明了中国的教育行政人员不是

学教育出身的。测试是一门科学，它不仅可以用来测试学生对知识的掌握程度，也测试了教师教学的效果如何，是教学最好的反馈之一。假如取消了测试，就取消了有效的反馈，对教、学都是非常不利的，以‘减负’为名取消测试，真是匪夷所思！”

一位小学校长说：“我要是在中国当校长就好啦！学生们不用统考！在美国当校长，每年学校学生统考的成绩都要上报纸、上电视，学校排名一眼就能看到，跌了一名我的压力就比太平洋还大！”

大家聊得很热闹，虽然对中国小学生减负的背景还不太了解，但提的问题也确实挺尖锐的。我问：“大家认为要从根本上解决中国小学生学业负担重的问题，最需要做的是什么？”

“中国家长必须彻底放弃‘不要输在起跑线上’的错误思维。加重小学生的学业负担是没有用的，因为他们根本就记不住。中国的高中应该多开一点儿课，把大学的课程开到高中去，让小学生们尽量玩！现在中国教育好像本末倒置：大学生在玩，小学生在玩命学他们根本就不懂或者很快就忘记的东西！”

让美国的中小学教师评论中国针对小学生的减负措施，真令人大开眼界啊！

中国留学生为什么缺乏项目组织能力

2014 年 11 月，习近平主席跟奥巴马总统在 APEC 会议上宣布了中美双方的签证互惠，来美的学生可以获得最多五年的签证，我相信这一政策又会鼓励更多的中国学生前来美国留学。在这个背景下，我认为，国内的教育改革需要包括一个重要的部分，就是怎样培养跟美国学校要求接轨的留学生。

中国来美的留学生，假如素质较高，基础知识普遍比美国公立学校培养出来的学生扎实。但是，因为中美的教育哲学不一样，做法也不同，因此，中国留学生普遍缺乏一些美国学生普遍都具备的软实力，项目组织能力就是其中的一种。

我在国内读书的时候，作业里面是没有“项目”这个概念的。但是，美国的学生，从小学开始就要做“项目”，英语叫“Project”。

项目组织作业是一个综合考查学生研究能力、组织能力和表达能力的作业。项目有个人做的，也有集体完成的。个人项目有点像小论文，国内的学生可能也经常会做，但是，集体项目可能国内就比较少见了。一个普通的集体项目，通常会包括下面的组织步骤。

①学生针对某一个问题的不同方面进行探讨、研究。

②学生在小组中报告研究结果，确定项目的中心选题，讨论研究结果中有用和无用的资讯。

③每一个人都要对自己负责的方面负责，以统一的格式写出报告。

④小组集体修改每一个人的报告，以符合全组的项目要求。

⑤小组向全班同学汇报项目研究的结果。

从上面的步骤我们不难发现，在面对一个项目时，美国学生需要具有下面的能力。

①小组协作能力，在小组内确定分工的能力。

②整合小组成员的不同性格和能力，确保所有人都按时完成任务的能力。

③通过谈判和协调，让大家既能充分表达自己的意见，又能放弃不符合小组目标的意见的能力。

④口头表达和解释的能力。

我在带研究生的时候，发现中国留学生在面对小组项目的时候，最怕下面几样东西。

第一，没有小组。因为文化和语言的关系，很多来自国内的留学生无法很快跟美国同学打成一片，当需要组成小组来完成一个项目的时候，美国同学因为对他们不了解，不敢邀请他们进入项目小组。

第二，不会当组织者。有些中国学生本来基础知识很扎实，完成项目所需要的知识也是足够的，完全可以起到项目组织者的作用。可是，因为中国学生从来没有当组织者的经验，经常会让另外一个相关知识没有那么扎实的美国同学当了小组组织者，有时候整个项目会因此走很大的弯路。

第三，缺乏交流和协调能力。美国学生从小训练对观点的评估能力，美国教育视之为“批判性思维”的培养方式之一。因此，对所有观点，美国学生基本都能以比较客观的方式表达自己的观点，对方可以有不同于自己的观点，但这并不妨碍双方成为极好的朋友。然而，中国学生对于面子看得比较重，假如两人私交甚好，有不同观点就不好意思说出来，怕得罪对方。结果，会导致小组项目缺少了重要的观点。另外，也有的中国学生害怕自己的观点不成熟，不敢说。而协调不同的观点，让大家在一个平衡点上取得一致意见的能力，中国学生更是大部分都不具备的，因为在国内可能从来都没有这样的机会。

美国学生从小学开始就要自己组织学生会。想当学生会干部的学生要自己组织竞选，自己拉票，参加辩论。到了中学，学生还要学会跟对手谈判以获得最大利益。这就是“领导能力”的一种。美国的大学在录取学生的时候，“领导能力”是一个非常重要的考量标准。而中国学生对这种“领导能力”，可能是闻所未闻的，体现在小组合作“项目”的组织能力上，就远远落后于美国同学了。

因此，国内的学校应该多针对学生这一软实力加以培养，让学生将来有机会到美国留学的时候，能更加顺利地接轨！

第五章

为什么美国的公立教育喜欢改革

探索式教学法真的能提升学生的创造力吗

探索式教学法可以说是美国公立教育理论里面最臭名昭著的一个了，它不仅影响了并仍然在贻害美国普通公立学校的学生，还漂洋过海，成为许多中国老师热捧，视之为解决“中国学生缺乏创造力”的灵丹妙药。

探索式教学法的理论基础是瑞士心理学家皮亚杰和苏联心理学家维果茨基等由关于儿童心理认知世界的理论产生的建构主义学派。建构主义认为，儿童在认识世界的时候通过自我探索所得到的知识和技能，既可以帮助他们发展对世界的认知能力和创造性，也能让他们更牢固地记忆所学到的知识。

这样一个心理学理论并没有问题。问题是，假如把这个理论当成一种教学法就麻烦了：老师本来五分钟就能讲通讲透的内容，让学生自己去探究，可能要花五天的时间；老师采用小组探究的办法，全组学生探究五个星期，结果差的学生还是什么都没探究出来，好的学生则浪费了大量宝贵时间。我在教师研讨会上还看到类似“通过探究重新发现牛顿定律”或者“通过小组探究发现了勾股定理”这样滑稽的事情。

为什么美国的公立教育界会把一个普通的心理学认知理论变成一个糟糕的教学法理论呢？原因有以下几点。

第一，美国的公立学校除了少数重点学校以外，很多学校尤其是大城市内城的学校，都是不能教书的战场。上课的时候，这些学生会像不受控制的动物一样乱蹦乱跳，打人砸东西，或者肆无忌惮地大声说话、狂笑、唱歌跳舞，反正就是不能静下来听老师讲课。假如把这些乱蹦乱跳的学生放进一个个小组里面，以探究为借口让他们随便说话，那么老师的压力会减轻很多。

第二，美国有某些少数民族一直在要求教育公平。他们认为，由于教育不公平导致他们的成绩一直都差，直接影响到他们进入好大学。事实上，这些人的成绩差其实绝大部分原因是他们根本就不想读书，不够勤奋。要解决这个问题，用探索式教学法最好了，因为在小组里面，即使有人当南郭先生也不会有人知道，只要小组里面有个学霸，整个小组的成绩就会提高。这样，懒人也能拿到好成绩了，学校也避免了被这些少数民族人士告上法庭。

第三，在美国普通公立学校教书的老师们，真的是度日如年。正常的“教师讲课，学生听课”基本无法进行。现在有了这种教学法，就可以以探究为名，让学生整天探究，整天玩乐聊天，难熬的时间也会过得非常快了，因为要能“探究”出一个结果，起码要花比老师在课堂讲课多几十倍甚至百倍的时间。

20 世纪 80 年代的美国教师执照训练课程，基本上就是给候选教师们灌输这种探究式学习的模式。现在，当年学这种理论的教师当上了教育局领导了，能想到的教学法也只有这个。于是，这样糟糕的理论便继续影响新一代的学生。

2006 年，三位专门研究人类学习和认知心理和生理的专家理查德·克拉克（Richard Clark）、保罗·基尔施（Paul Kirschner）、约翰·斯韦勒（John Sweller），在《教育心理学家》期刊发表了他们的研究成果。这篇论文用翔实的数据证明，将建构主义的心理学理论变成教学法是一个错误的做法。建构主义其实是有关一个人如何学习和看待世界的理论，可是很多教育者把这个理论当成了教学法。探究式的学习只能在参与者已经熟练掌握了相关的知识，甚至是专家级时，才会有效。另外，小组协作式的探究学习，只能在参与者都一致希望研究该题目时才会产生效果，假如在小组中有的人什么都不懂，有的人不想学，那么小组协作根本就不会有任何效果。效率最高的学习方式仍然是教师主导的课堂教学，而不是以学生为主的探究式学习。“牛顿等科学家花了几十年甚至几百年得到的定律定理，不可能由一帮没有足够基础知识的学生在短短几天、几个星期重新通过探究而发现！”

然而，因为美国的公立学校中大部分学生还是不想读书，学校也不要求他们懂太多，因此，这种糟糕的理论相信还会长期在美国公立学校存在。而认真学习这种理论的中国教育界，并不知道美国为什么会有这样的理论，更加不知道美国的精英学校是根本不会采用这种理论来教学的。

分层教学理论是有效的吗

美国中小学公立教育的质量从来都是参差不齐的，既有像纽约的史岱文森高中那样出过很多个诺贝尔奖校友、每四个毕业生中就有一个进入常春藤盟校的名牌学校，也有大量的公立学校，毕业生出来什么都不懂。

虽然美国的公立中小学教育质量一直以来没怎么好过，但是，公立教育从来都不缺乏各种“理论”，用来为公立学校里面的一些奇葩现象涂脂抹粉，建立理论基础，哄骗学生和家长。好笑的是，世界上一些国家和地区，因为美国的科技文化执世界牛耳，便忘记了真正推动美国科技文化发展的私立学校其实完全不会理会那些“理论”，认为美国公立教育的那些理论都是金科玉律，不加思考便直接引进，把自己的教育搞得一塌糊涂。

一

美国公立教育中一个很糟糕的理论叫“分层教学”（Differentiated Instruction）。这个理论的中心论点就是：假如一个班的学生程度不一，比如高中一年级的代数课，班里学生分为五六个程度，从刚刚学会十以内的加减法到懂得对数方程怎么解都有，实施这个“分层教学”，就能让所有学生都学到高水平的数学。

分层教学的做法有以下几种。

第一，把全班学生按照程度分成若干个小组。老师每次只到一个小组讲若干个适合他们这个组程度的题目或话题，其余小组先自修或者做课堂作业。

第二，按照学生的程度把学生分成若干“层”，教师对每一层的学生有不同的要求。比如，程度最高的学生要完成10道题的作业，程度次高的只需要完成8道题，然后再低的完成6道题……依此类推。

第三，把全班学生按照程度分成小组，程度最高或者最低的小组由老师教，其余学生自学。

分层教学理论可以解决什么问题？

第一，因为学生学习能力的高低不同，分层教学可以更好地解决不同程度的学生在一个班里面学习的问题。也就是说，分层教学为教师无法在课堂上完成教学任务和课程目标提供了最好的理论借口。

第二，美国公立学校的老师上课上什么内容基本由他们自己决定，而同在一个初中代数班，有的学生可能已经学完了小学算术的全部内容，可是另外一些学生可能只学完了十以内的加减法。分层教学把所有程度的学生都放在同一个班，省去了要给学生按照程度分班的麻烦。同时，因为分层教学的做法就是“混合”，因此，调皮捣蛋的学生不会集中在一起，不会出现全班造反、教师天天都无法上课的情形。

第三，这个是中国特有的——中国的父母绝对不能接受学生被分到“低程度”的班里面去。假如是分层教学，学生不管聪明还是愚钝，学习成绩好还是差，都混合在一起，中国父母就不会有意见了。

二

分层教学理论在实践中为什么是无效的？

分层教学理论是个别从来没有在课堂上教过书的学者凭空想象出来

的，在得到了一些有政治野心、同样没有任何课堂教学经验的教育局长们的推荐之后，俨然变成了一个主流教育理论，在美国任何一个公立校区都能看到它的踪迹。那么，分层教学为什么是错的？

第一，分层教学声称一个班可以分为十几个水平，通过分层教学的方法，教师可以因材施教，让所有的学生都能学到最适合他的内容。这种说法完全是胡说八道。假如一节课有 50 分钟，假如教师面对的学生程度相差不多，教师就可以 100% 按照一个课程标准来教，学生们也 100% 学到教师教的内容。但是，假如学生的程度相差太远，教师必然要面对究竟讲程度高还是讲程度低的内容的状况。无论讲哪种内容，班里都会有相当一部分人什么都学不到。如果“分层”教学，每种程度的内容都教，必然会让学生的学习时间从 50 分钟变成 10 分钟甚至 5 分钟。这样，学生根本不会有足够的时间去学应该弄懂的内容。

第二，因为一个班里面学生的程度相差太远，低程度的学生根本就听不懂老师在讲什么，郁闷之余肯定就要破坏课堂纪律。如果“分层”教学，让高程度的学生先做课堂作业，老师跟低程度的学生讲课，然后再让低程度的学生做课堂作业，高程度的学生听老师讲课，这样做仍然无法避免教师在讲课的时候，其他学生在下面搞小动作甚至极度破坏课堂纪律的情况。

第三，假如使用这种“要求不同”的分层教学方法，让低程度的学生只完成一半甚至四分之一的课程标准和作业，那就完全是自欺欺人了。为什么他要做 100 道题才可以拿 100 分，而你做 20 道题就能拿 100 分？这还能把那节课称为“代数”或者“几何”吗？

其实，所谓“分层教学”，仍然还是有“按照学生程度不同，因材施教”的影子在里面。分组也好，要求不同也好，都是针对同一程度的学生，只不过“分层教学”是把不同程度的学生混合在一个班里面罢了。既然在一个班里面，要通过分组、分层的方式把不同程度的学生分开来教，为什么不干脆把不同程度的学生分到不同的班级去？这样，所有的学生不就都能得到最合适他们程度、最适用于他们的教育了吗？

综上所述，美国的分层教学理论根本就是极为糟糕的垃圾教育理论，其希望达到的目的完全可以简单地通过“分班教学”——把学生按照不同的程度分班就能做到，然而分层教学却硬要把不同程度的学生混合在一个班，然后再分小组，让程度高的学生想学却没有时间学，而程度低的学生又学不到足够的东西。这种违反教育常识的“理论”，竟然在“素质教育”的故乡美国出现，真是令人超级无语！

美国为什么不推广“普通英语”

旧金山的胡佛初中（Herbert Hoover Middle School）有一个中文沉浸课程，学生全都是学了八年粤语的在美国出生的孩子。每年，他们八年级的学生都要去广州进行文化交流，顺便还可以跟广州的同学练习说粤语。

可是，最近两年这些美国孩子碰到了非常尴尬的情况。首先，跟他们进行文化交流的学校不再安排讲粤语的老师给他们上课了。其次，他们发现跟他们交流的中国学生在校内下课的时候是禁止讲粤语的，甚至回家以后也说普通话。有的中国同学虽然是土生土长的广州人，父母也能说流利的粤语，可是粤语甚至没有美国来的黑人同学说得好。一问才知道，原来政府和学校在大力推广普通话，连课余时间也禁止学生们说方言了。中国的家长问美国学生的问题就是：美国难道不推广“普通英语”吗？美国有没有类似中国的“普通话水平检测”那样的“英语语音水平检测”？

跟很多人想象的不同，英语并不是美国的官方语言。试图推动英语成为美国官方语言的团体虽然一直在努力推动美国国会立法把英语作为美国的官方语言，甚至还推动全国的公投，可是一直都没有成功过。目前，在美国的政府文件和选举的选票中，都经常可以看到除了英语之外还有汉语和西班牙语。根据统计，旧金山的公立学校中学生的家庭说二十多种不同的语言，于是，一些教育局的官方文件，竟然要花钱翻译成二十多种不同的语言寄给这些家长，让他们能够及时得到官方的信息。这也是推动英语成为官方语言的团体的理据之一：假如英语是美国的官方语言，每年政府可以节约很多把文件翻译成多种语言的经费。

为什么推动官方语言的尝试在美国都失败了？难道美国人不知道语言文字的统一对于凝聚人心和爱国心的重要性吗？

事实上，大部分美国人不相信统一的语言可以增强美国人的爱国心和凝聚力。美国人相信：美国之所以那么强大，能吸引全球的人才，正是因为美国对于各民族和各文化的包容，让每一个民族的人来到美国以后，不仅不需要放弃自己的语言文化，还能够把自己文化中的优点发扬光大。

同时，美国的语言学界认为，每一种方言或者语言都像生物的基因一样，是有特别的功能的，必须加以保护，以尽量保留其多样性。我们都知道，基因的种类越多，应对环境改变的能力就越强，这也是我们拼命保护在自然选择中被淘汰的生物（比如熊猫）的重要原因。他们认为，任由方言或者语言灭绝是不明智的。

明白了这一点，我们就会明白为什么美国没有“英语语音水平检测”或者“普通英语语音水平检测”那样的考试了。因为英语本身就有不同的语音，来自英国的、南非的、澳洲的和来自印度的人说的英语都带有自己的口音，而这个口音是很难按照美国英语的发音来改正的。即使是在美国，加州人的发音跟阿肯色小石城的人的发音也有非常大的不同。更不用说美国的黑人说的英语了，他们还一直在宣扬他们说的不是一种方言，而是一种语言呢！假如要弄一个“标准语音”，美国的非洲裔移民首先就要抗议说歧视他们。然后，拉丁美洲裔的移民也要抗议：我们占美国人口的30%，不是少数民族了，我们不要求西班牙语成为美国官方语言，你们竟然还要规定英语的发音怎样才算标准？我们说西班牙语的，怎么可能轻易改变自己的口音？

综上所述，美国之所以不推广类似于中国的普通话那样的“普通英语”作为官方语言，甚至一直鼓励公立学校开办各种语言的沉浸课程，希望学生学习各种语言，自有他们的道理。他们认为保留和保护方言和语言是关系到人类文明传承的重要任务。

为什么美国的公立教育喜欢改革

美国是联邦制的国家，每一个州都有自己的法律，跟一个小国家没什么两样。在一个州执行的政策法律，对另外一个州影响不大甚至完全没影响。然而，有一样东西能大规模影响全美国，这就是公立教育的教育改革。

可以说，美国的公立教育改革从来就没有“成功”过。比如，仅仅是用何种方法来教小学生识字，在我当老师的这几年，就从“拼音法”（phonics）到“全语言”（whole language），然后是综合法，接着又回到拼音法，现在又来了一个“统一课标合作识字法”。每一次改革的理由都是说上一种方法害苦了一代人，导致一代人连字都不认识。可是我们发现“不识字”的美国人照样拿诺贝尔文学奖、科学奖、和平奖，照样创造苹果、谷歌、微软，影响世界潮流，同时还维护了美国的世界霸主地位。这不禁让人对美国的“教育改革失败论”产生极大的怀疑！稍微会思考的人马上就会发现：肯定是“教育改革”这个东西能让某些人受益！

首先，如果教育改革是失败的，就能给予下一个要求改革的团体或个人充分的理由另起炉灶，继续改革大业。第一个得益的是教材公司。美国的公立教育中学生是不用买课本的，全部都是借学校的课本用，一本课本可以反复使用好多年。假如不“改革”，教材公司非破产不可。而且，美国的教材除了课本还包括教材资源、多媒体和网站的配置、实验材料、配套的练习册和教具等。每次老师拿到一本新教材，除了那本一千多页的课本以外，还有一大箱的教材资源（比如，英语教师会拿到课本中要求阅读的所有小说，生物老师会拿到课本中要求做的所有实验的材料等），是一个经济效益极大的产业。最好就是每年都有一个新的“改革”，所有课本都得根据新的改革理念重新编写，这样教材公司就能年年有钱赚了。第二个得益的是专门帮助各地的学校员工领会新改革理念的专家团队。这些专家负责提供在职训练，通常要向各地校区收取极高的咨询费。假如没有“改革”，这些专家如何谋生?

其次，因为所有的公民都必须接受教育，政治家们说自己重视教育是永远正确的话题。但是，光说重视是不行的，必须有实质性的内容，还不能每个人都说一样的东西，必须有新意。于是，只能说从前的教育是完全失败的，必须改革，才让自己“重视教育”的理念获得人民支持。比如，美国前总统小布什就认为，上一任总统克林顿的教育政策是彻底失败的，所以，他提出了“不让一个孩子掉队”的概念，要求各州用全州统考的方式来考核学生的学业成绩，统考成绩不好的学校要关门，辞退所有员工。更可笑的是，要求在2014年全美国的学生都必须在本州的统考中达到满分的标准。这种要求根本就是匪夷所思的。奥巴马继任后，认为小布什的教育政策同样是彻底失败的，于是，他提出了“力争上游”（Race to the Top）的教育改革，包括设立全国统一的标准、研究设立全国统一的课本和统一考试，并要求各地把教师的工资跟他们所教的学生的统考成绩挂钩。可以想象，下一任总统同样会说奥巴马的教育改革是彻底失败的，必须有新的做法才可以。

最后，教育改革是校长、教育局长或者教育董事会委员们升迁的最好阶梯，也是最容易产生的政绩。美国的公立学校是由民选的教育董事会管理的。教育董事会的委员们大都有政治野心，希望以这个职位为跳板。推动能吸引眼球的教育改革，对这些人的升迁有极大的好处。比如我们上一任的教育局长，推动了一个教育改革，把统考成绩好的学生硬性分配到差学校里面，把差学生分配到好学校。结果，差学校的统考成绩大幅度提高，而好学校的统考成绩虽然有所下降，但也不至于很差。这个自欺欺人的“改革”，让她从教育局长的职位上退下来以后，马上就获得了哈佛教授的教职。还有一位曾经担任我们的教育董事会主席的，因为推动“不拘一格降人才”的教育改革，主张所有能说两种语言的人都有资格当老师，于是平步青云，当上了市议员，然后又当上了州议员。假如不是因为被发现贪腐而被逮捕，恐怕当国会议员也不成问题。

综上所述，美国的公立教育热衷“改革”，根本就是教育部门的领导者为了升迁，政客们为了政绩而玩的把戏；同时，各个利益阶层，如教材公司、各种专家团队，甚至高科技公司，都在后面推波助澜，企图通过“教育改革”分一杯羹，赚一笔钱，不遗余力地宣传前一次的改革是失败的。于是，我们看到美国的教育改革几乎年年都有，可是从来没有成功过。各种理论令人眼花缭乱，各种做法变来变去，受苦的只是公立学校的教师们，疲于奔命应付各种新概念、新改革，而学生们则被当作小白鼠，一次又一次接受各种“改革”的实验。

美国最新一轮的公立学校教育改革

美国的公立学校系统喜欢不停地进行教育改革。因此，美国人从来不会说“教育改革取得了辉煌的成就”或者“教改取得了伟大的胜利”之类的话。每一位新上任的总统、州长、教育部长或者教育局长都会说：摆在我们面前的任务非常艰巨，因为我们现在的教育系统已经烂透了，不适应新世纪的新形势了，因此我们必须改革。

既然美国的教育改革从来就没有成功过，美国的公立学校系统就一直不停地进行改革。最新一轮的改革叫“全美统一课程标准的改革”。

全美统一课程标准起初是由十几个州的州长提出来的。他们的理由是：美国各州都有自己的学科标准，难度跟内容都不同。然而，美国人是喜欢迁徙的，经常会有人到处搬家。如果一个学生从加州搬到佛罗里达州，会发现虽然他读的课程名字都一样，可是学的内容跟难度都不一样，差别巨大。

奥巴马总统很推崇中国教育。他一直觉得中国教育最先进的地方就是有全国统一的课程标准、统一的教材、统一的高考（其实中国早就没有了）。于是，在他的大力推动下，全美统一的课程标准就出炉了。

加州是最先采用全国统一课程标准的州之一。但是，因为全国统一课程标准还没有完全制定出来，某些科目还没有，因此，根据全国统一课程标准来编的课本当然也就没有上市。

所有人都知道，编教材不是一般人能做的，尤其是美国的课本都是由一个团队的专业人士，在本科目的专家领导下，历时多年，才能编出一套课本来。但是，某些激进的校区，是不会被编课本这样的小事难倒的。他们组织了一批老师，用课余时间来弄“根据全国统一课程标准编写的课本”，并且把这些课本推向校区的各级学校，要求老师们按照这些课本教。

数学教师们拿到课本后不禁啼笑皆非。首先，编写课本的人还生活在早已经被废弃的“建构哲学”中——把数学系统完全打乱，希望学生自己建立一个完整的系统（连基础知识都没有掌握的学生，如何建立一个理论系统？）。其次，为了体现新世纪的先进性，宣称“乘法表是要打倒的旧教育系统，学生们不需要学习乘法表了，因为有计算器了”。最后，也是最搞笑的，是宣称某些种族的学生一直学不好数学的原因是数学太难了，这对这些种族的学生不公平，所以，解决的办法就是降低难度，把所有学生当白痴，好学生不许学更多的东西，以免造成“不公平”。

于是我们看到，在数学课堂上，学生们进行着小组合作，会做的同学完成所有的任务，不会的同学仍然什么都没学到。老师基本不解释（以学生为中心，让学生自己探究），学生们基本在玩；老师不许使用“考试”的字眼，测试成绩只占学生成绩的10%左右，而且，拿50分就叫及格，拿80分就属于优秀。每个学生都能拿到好成绩，皆大欢喜。

公立学校这样做，相信又会教出一群学业水平不达标的学生。我们的校长就以我们老师有学术自由为由坚决拒绝了这种胡编滥造的课本进入我们学校。我们校长说，这样的课本是由学术统考成绩极低的学校的老师编出来的，本身就代表了失败的实验结果。我们学校的学术统考成绩一直都比他们学校高，这证明我们的那一套行之有效，并没有失败。我们绝不能以“教育改革失败”为由来推翻一个成功的教育实践。我们宁愿不要把学生越教越蠢的“教育改革”！

美国的社区大学真的只读两年吗

随着越来越多的国人到美国留学，很多人开始把视线投向美国的社区大学。这不仅是因为有所叫深泉学院（Deep Springs College）的社区大学突然在中国火爆起来，也因为很多人以为社区大学是两年制的，学费也便宜许多。最重要的是，社区大学的入学要求似乎普遍较低，在国内高考三本线都上不了的，也能上美国的社区大学，然后两年以后可以转到哈佛大学或者耶鲁大学，圆了美国名校梦。

像深泉学院那样的美国社区大学其实并不多。深泉学院是罕见的对学生入学进行严格筛选的社区大学。能进入深泉学院的学生，其实进常春藤都不会有太大困难，这跟一般的社区大学相比，学生质量可谓天差地别。

两年制的社区大学并不等于读两年。所谓两年制，意思是提供大学一年级和二年级程度的课程而已。美国的中学跟大学都是选修制的，学校的课程就像超市货架上面的商品，学生用钱买不同学分的课，学分够了就可以毕业了。当然，这些课不是乱上的，不同的专业会对学生的学分构成有不同的要求。

社区大学虽然提供的是大学一年级和二年级程度的课程，但是，学生可能要花三年，甚至七八年时间才能读完所有课程，才有资格转到四年制大学去读完剩余两年的课程。为什么学生要花那么久的时间才能读完两年的课程？

首先，因为社区大学入学时不用考试，大部分人只要年满 18 岁就能符合录取条件。是否高中毕业，会不会说英语，甚至是不是文盲，都不影响你进入社区大学。但是，假如你是一个文盲，在大学课堂上跟着其他人一起上课将会很痛苦。所以，所有社区大学都会对第一年进校的学生进行一次分班考试。假如是不懂英语的学生，要读七到八级的"英语为第二语言"的课，花四到八年的时间，才有资格修大学的课程。而文盲同样要花上个十年八年，直到具备了足够读大学的文化程度，才能上大学的课。所以，上两年制的大学，并不意味着你一定可以在两年内读完该读的课。

其次，美国开办社区大学的一个重要目的，是让学生在修读完大学头两年的课程学分以后，转到四年制大学读剩下的课程。然而，四年制大学，尤其是名牌的四年制大学，自己有招生的计划。假如在三年级的时候有一群学生从社区大学转进来，就会把原有的计划打乱。所以，想到四年制大学读剩下两年课程的社区大学毕业生，要等四年制大学有学生退学，把三年级的学位空出来，才能转入四年制大学。假如四年制大学没有学位了，就只能维持社区大学学生的身份（不断修课），一直等，可能等好几年，直到四年制大学有学位才能转进去。

以前，旧金山附近的公立大学如旧金山州立大学、加州大学伯克利分校等，会保留 30% 的学位给旧金山社区大学毕业生，让他们能顺利转学。但是，因为州政府财政削减，这个"保留 30% 学位"的优惠被取消了，导致旧金山社区大学的学生好多都必须等好几年，也未必有机会转学到四年制大学。

再次，有不少学生想通过社区大学转到四年制大学，但四年制大学又没有学位，结果就只好不断修课来维持自己的学生身份。这样就导致社区大学很多课都人满为患。社区大学选课的次序是按照你入学的年份来决定的，入学年份越长，你就越能优先选到你需要的课。问题是，很多入学好几年甚至十几年的“老”学生，他们其实根本就不需要选那些课了，只不过是在等候转学名额，不得不选点儿课而已。这些老学生就把真正需要读这些课的新学生的名额占了，让他们无法修够学分，也只好多等几年了。我有个学生读的是比较冷门的农业机械专业，四年制大学有学位给他转，可是他偏偏就差了一门课的学分，导致他只能在社区大学多等两年，才修到了那门课。可是此时四年制大学的学位又没有了，他只好随便修几门其他的课，占别人的名额，等到四年制大学再有名额给他为止。这样一来一去，就在社区大学读了五六年，才转到了四年制的大学读三年级的课。

社区大学授予毕业生的是副学士（associate degree）学位，而不是正式的大学学位，有点像国内的大专文凭。在美国，很多工作是不需要学士学位的，比如飞机维修机械师、X 光或者超声波技师、洗牙师、酒店文员、会计师助手、律师助理、学前教育老师等。社区大学就负责培养这些人才。同时，因为社区大学的学费非常低（起码是四年制大学的十分之一），因此成为很多美国人终身教育的一个好选择——花百八十块钱一个学期，就能学瑜伽、太极、烹饪、插花、园艺，甚至还有书法、昆曲，还都是专家在教的。社区大学便成为好多老人退休生活的一部分。

针对新移民，美国的社区大学还开设了无学分课程（non-credit course）。这些课程大部分是英语课，是免费或者低收费的，目的就是让新移民可以尽快学会日常的交流用语，让他们能尽快适应在美国的生活。这些课程甚至不问学生的身份，即使是游客也可以报名上课免费学英语。

综上所述，美国的社区大学真的是面向社区，服务于社区，只收取很少的费用给社区的人们提供继续教育、高等教育的一个很好的选择。然而，因为社区大学大部分是不设置入学考试和选拔的，所有年满 18 岁的成年人都可以上，必然就会导致人多课少，或者在学校读好多年都无法转学到四年制大学的情形。

美国公立学校评价教师标准的重大改变

长期以来，因为不存在升学率这个概念，美国的公立学校对教师教学的评价并没有一套统一的标准，导致不少拥有永久教职，也就是铁饭碗的教师根本就不教书，上班就是混日子，学校拿他们一点儿办法都没有。

奥巴马总统上台以后，努力推动了两样东西。一样是全美各科均统一标准。他曾说，中国从前的中小学课程是全国统一大纲、统一课本，高考也是全国统一的，这样才培养出了很多优秀的人才，尤其是工程人才。我们必须把他们的好东西整合到我们的公立教育系统里面，靠别人总是靠不住的。于是，今年全美国各科的统一标准开始到位。

统一标准建立以后，下一步就是统一课本和统一考核了。美国教育部的想法是，假如全美国的学生都用同样的标准来要求，就可以进行统考了，于是，评价教师的工作就有客观的标准了。

第二样推动的东西，是《力争上游》法案。这个法案容许各州自行决定是否参加，参加以后，联邦政府会审核各州给出的承诺，假如符合法案的规定，就会给予大笔的资金补助。其中，最主要的一个要求就是需要将教师的评价和工资标准跟学生的统考成绩挂钩。

目前，全美国有一半的州已经参与了《力争上游》法案。但是，包括加州在内的另外一半的州，对于将教师评价跟学生统考成绩挂钩有非常大的抵触情绪。

美国的教师工会是反对将教师评价和工资高低跟学生统考成绩挂钩的，有下面几个原因。

首先，美国有好几个州，尤其是人口最多的加州，是新移民学生占比最大的州。很多学校里面，动不动就有百分之二三十的新移民学生。统考是用英语考的，学生答错题目，究竟是因为英语能力太差，无法理解题目，还是因为老师没教好，导致学生不会答？我们根本就无法得知。有研究表明，一个完全不懂英语的中学生，起码要用七年的时间学英语，才能勉强跟在美国出生的同学达到同步的水平。假如一个老师每年都教新移民学生，按照新的考核方案他就永远都不可能涨工资了，因为新移民学生的统考成绩永远都不可能高到哪里去，这既不是学生的错，更不是老师的错！

其次，统考成绩跟教师评价挂钩，对那些从事特殊教育的教师不公平。美国的公立学校是禁止拒收有天生残疾的学生的。于是，盲的、聋的、哑的、弱智、脑瘫、忧郁症、多动症、小儿麻痹症……全都得收，而且很多地方还规定必须跟普通班学生一起上课。你想想：假如在一个班里面有四五个有多动症的学生，还有一两个精神失常的学生，老师是不是要花很多时间安抚这些特殊教育的学生？会有足够的时间教书吗？学生的统考成绩会高到哪里去？以统考成绩评价老师，并不公平。

最后，美国公立学校中小学教师的工资一向偏低，即使是在工资水平比较高的加州，一位教师做了二十七八年，年薪都达不到七万美元，可是一个电脑程序员（比教师少读三年书）做五年，就能轻松拿到年薪十万了。一份连养活自己都成问题的职业，却有那么高的要求，谁还会愿意做？教师短缺的问题会因为这种评价方式，变得越来越严重。

已经实行了统考成绩跟教师工资挂钩的州，情况怎么样呢？学生的学术表现有没有长进呢？老师会不会因为自己的工资跟学生的统考成绩挂钩而在统考中作弊呢？回答这些问题目前为时过早。但是，从第一年实行起，我们就已经发现了大面积的统考作弊现象，甚至有学生把统考题目和答案放在脸书（Facebook）上让大家用手机抄。美国的统考跟中国不同，因为是出题公司出的题目，一共就只有几套，所以，绝对不能公布考过的试题，一旦公布，下次还是用同样的题目考，就失去意义了。

所谓“道高一尺，魔高一丈”，美国教师评价的难题还将继续下去。

美国的小学教师怎样对学生进行爱国主义教育

美国的小学生一入学，美国的老师就开始对他们进行爱国主义教育了。

首先，所有的学生都必须学会背诵“国旗誓词”。为什么呢？因为每天早上在上课之前，小学生们都必须在操场集中，升国旗，所有学生都必须把右手放在左胸，齐声背诵效忠国旗誓词：“我全心全意效忠国旗，以及美利坚合众国。效忠共和，它代表了统一的国家，在上帝之下，不可分裂，以及在法律面前人人平等。”

美国的小学每天都升一次国旗和州旗。美国的公立学校，每当全校集会时，都会隆重地把国旗请出来，大家站起来，右手捂着左胸，向国旗行注目礼并背诵效忠誓词。假如高中里有“少年预备役军官训练团”（英文简称“JROTC”），这个团的学生还会穿上整齐的军礼服，用仪仗队护送国旗上台，隆重地升旗、敬礼，然后全校师生一起背诵效忠誓词。

所以，我们经常会看到，在奥运会赛场上，每当美国运动员得到冠军，升起美国国旗，他们都会右手捂着左胸，轻声地跟着唱国歌。他们从小到大都是这样做的。

所有的学生都必须知道国旗是什么样的，有什么图案，代表了什么意义，有哪些颜色，颜色代表了什么意义。高年级的学生还要学唱国歌。（不要求低年级学生一定学会，因为美国的国歌非常难唱。）

其次，所有学生都要用拼图的方式，学习国家有多少个州，每一个州的形状是怎样的。同时，还要知道国家的面积、首都、政体，以及历任总统的姓名和著名总统的事迹。所以，大部分美国学生，回答诸如“从内华达州到缅因州，中间要经过哪些州”这样的问题，一点儿困难都没有。

这种爱国教育，每年都学，不断重复，年级越高，学得越详细，内容基本是一样的。

对比美国的小学生，中国的小学生对自己国家的了解差了许多。

国内的朋友们，大家可以问一下自己身边的学生（不一定是小学生，可以是中学生，甚至是大学生），都未必能正确回答下面全部的问题：

①中国国旗的图案和颜色分别代表什么意义？

②中国有多少个省、直辖市、自治区，有几个特别行政区？在空白的中国地图上能标出来吗？

③能否说出自新中国成立以来每一任国家主席的姓名？

④中国的各级政府是怎样产生的？政府的立法、行政和司法机构是怎样运作的？

美国的“导学案”——菜单式教学

“导学案”是一个新名词。我在论坛上看了一些论述“导学案”的做法和目的的文章，感觉美国没有任何一样东西跟它是一样的。唯一比较接近的教学方法是“菜单式教学”。我在这里说一下这种教学法的一些实际做法，供大家参考，说不定会帮助老师解决在“导学案”中产生的问题。

菜单式教学普遍应用于美国小学课堂，也有应用于高中对于学术水平要求比较高的课堂。

菜单式教学的目的是通过设立不同的学习活动，让学生自己选择参与最感兴趣的活动，同时深入探讨某些学习内容。

对于小学课堂来说，菜单式教学可以让学生体验各种不同的学习过程。而对高中课堂来说，菜单式教学要求学生对于该科目的知识掌握得非常好，基本上需要类似于上“重点班”那样的学生，才能进行这种教学。

在小学，菜单式教学需要把教室分成四到六个学习中心，每个学习中心设立两个或者三个学习活动。这两个或者三个学习活动必须是针对不同的学习模式的。学生要分成四到六组。首先，根据老师分发的本课目标选择自己想学的东西，想参与的学习活动，在工作纸上做一个计划。（学习中心规定了哪些是必做、哪些是选做的学习活动。）其次，学生根据老师的分组，到不同的学习中心去选择自己想进行的学习活动，记录结果。每隔 15 或者 20 分钟轮换一次。最后全班总结和分享。

在高中，这类菜单式学习对学生的要求更高，不限于“体验学习过程”，而着重于“深入解决问题”了。比如，在一个生物学的菜单式教学课时中，教师给学生规定的学习目的是，研究如何解决统考中曾经考过的关于光合作用的题目。学生们先拿到一份统考的“考古题”(指从前统考考过的题目，又被称为“考古真题”。——编者注)，有不同类型的关于光合作用的题目。根据这份题目以及学习中心的描述，学生们自己设计方案以便通过不同的学习中心掌握不同的内容。教师则在教室里面设立四到六个学习中心，学生被分到不同的学习中心去进行学习和探究。这些学习中心可能每节课只能完成一个任务，所以，这份菜单学生要做好几节课。

以上面所举“光合作用”的菜单为例，教师设置了下面几个学习中心(每个学习中心只选做一个探究活动)：

(1) 电磁波与色素：

①不同波长和频率的电磁波，在跟不同的色素作用以后，分别会有怎样的效果？

②不同的防晒剂，对色素吸收电磁波有什么不同的影响？

(2) 光合作用跟光强度的关系：

①用所给的材料设计一个实验来证明光合作用跟光强度的关系。

②用所给的材料寻找光合作用跟光强度关系的文字证据并做小结。

(3) 光合作用跟二氧化碳浓度的关系：

①用所给的材料设计一个实验证明光合作用跟二氧化碳浓度的关系。

②用所给的材料寻找光合作用跟二氧化碳浓度关系的文字证据并证明你的观点。

（4）光合作用中的水、二氧化碳、氧气和高能量糖的来龙去脉：

①根据指导，做出一个光反应和一个暗反应的模型，要能够说明上面这些物质的来龙去脉。

②阅读文章，完成工作纸上面的探究问题，并总结上面这些物质的来龙去脉。

（5）光反应和暗反应是怎么被发现的？

①根据资料，设计并制作一个 PPT 简报，加上模拟动画，回答这个题目。

②根据资料，使用一个动画软件，制作一个模拟动画，说明光反应和暗反应是如何被发现的。

（6）最后的学习中心：

完成上面几个学习活动以后，所有人都必须经过最后的学习中心：完成一份关于光合作用的“考古题”，并进行自我评估。

在整个学习活动中，老师只对学生碰到的问题进行解答（比如不会操作仪器，或者对完成哪项任务有疑问等），对于学习内容则完全不讲。

美国数学教育改革为什么没有成效

21 世纪初，以比尔·盖茨和乔布斯等科技界大佬为首的高科技领域领头人物，用自己的财力，在美国国会发起了希望尽量扩大开放外国科技人才，尤其是外国工程师在美国工作的 H-1B 签证名额的游说。同时，他们组织的基金会也开始游说各州的公立教育决策人，希望改善美国的公立学校数学教育落后于世界其他国家的情况。

这两件事情其实是相关的。因为美国公立教育长期以来一直在折腾数学教育，尤其在小学和初中阶段，各种理论此起彼伏，一代人又一代人被用来做实验，折腾的结果是美国在科技工程界的人才越来越少。从前美国没有“高科技”这个概念，靠私立学校，还有部分重点公立高中培养出来的数学能力好的人，虽然仍然可以保持美国在科技方面的领先地位，但培养出来的人才已经渐渐不能适应 21 世纪的需要了，因此，美国朝野，尤其是急需科技人才的高科技界，全在大声疾呼必须改革数学教育。

加州是美国高科技重地，硅谷的影响是世界性的。可是，硅谷的工程师绝大部分是从中国和印度来的，美国本土培养的高科技人才非常缺乏，因此，硅谷对加州公立教育的影响也比其他地方要强烈。加州的教育局最先决定了数学教育的改革方式，把全世界数学教育领先的国家——新加坡的数学课程标准和课本引进加州，希望把全世界最好的数学教育引入加州的公立学校，从而彻底改变加州科技人才缺乏的局面。

这个改革造成一个很明显的结果，就是要求全加州公立学校八年级的学生，要学习本来在九年级（高中一年级）才会学的《代数 1》。

美国高中生一年级学的《代数 1》，所涵盖的范围非常广，内容也相当深，涵盖了相当于中国的初中二年级到高中一年级数学课程里面全部的代数内容。

这个规定其实非常有问题。

首先，教师的水平不够。加州的教师执照规定了持小学执照的教师是可以教初中的。事实上，因为美国长期缺乏数学人才，读理科专业而又愿意去当数学教师的人非常少，即使有，也都是拿中学单科数学执照去教高中，一般不会教初中。所以，在初中教数学的，基本都是持小学执照的教师。这些人的数学其实绝大部分不过关（因为小学执照考试的数学部分最难的内容只是简单的代数，如解一元一次方程之类），要他们教《代数 1》，实在是有点强人所难。

其次，学生不具备学习这个代数课程的数学基础。加州的公立小学是不分科教学的，一个老师教所有的科目。当小学老师的很少有人是理科生（因为在美国，假如一个人理科好，便很容易就能读工资高的专业，根本不需要去当小学教师），数学不好的老师，基本没有可能教出数学好的学生；甚至，有没有教数学都很成问题。因此，我们经常可以看到移民美国的父母们在抱怨，孩子已经上小学四五年级了，还在学数数，学十以内的加减法，就是这个原因。于是，学生的数学概念和基础其实非常差，大部分学生到了八年级，根本就无法接受《代数 1》的课程内容。

最后，也是最重要的一点：学生能不能学到某种东西，美国的公立学校是不能强迫的。美国的公立教育有点像免费救济穷人的食物——政府不给穷人食物，就是犯法，是不可以的。但是，穷人拿了食物不一定要吃掉，假如政府强迫你拿了食物以后一定要吃掉，也是犯法。公立学校的学生完全可以不接受这么难的数学教育，但这并不等于学生家长愿意接受孩子成绩不及格。很多学生家长用各种方式强迫老师给学生好成绩，结果导致学生根本没学到什么真正的《代数 1》的知识，成绩却很不错。但全州的数学一统考，问题就全出来了：大部分学生的成绩极差。但政府或者学校都对这些学生毫无办法，学生还是一样拿着及格甚至优秀的成绩直接升上高中。

美国多个州的州长从 2006 年开始联合推动全美国统一的课程标准出台，2015 年已经有大部分州参加了，全美统一的英语和数学课程标准率先出台。加州的数学老师们赫然发现，全美数学课程标准的单摆又摆回了十年前：不要求学生掌握那么高程度的数学。加州一些学区的课程负责人干脆直接下命令：根据全美统一数学课程标准的要求，从明年开始，禁止在八年级教《代数 1》！

其实，做出这个决定实在是迫不得已，在过去十年的全州统考中，学生答对了《代数 1》50% 的题目，就叫及格；假如一所学校考这科的学生中有 36% 达到及格的标准，这所学校就叫达标（达到加州要求的标准）。然而，虽然题目的难度一年比一年低，但成绩最好的一年，全加州初中《代数 1》达标的学校只占 60% 不到，而第一年只有 26% 的学校达标！考虑到《代数 1》的考题里面，有 1/4 考的是四则运算、合并同类项这样相对简单的内容，而一次函数和二次函数作图、解方程组、解释双曲函数图线、推导二次方程曲线这样相对难的题目只占 5% 左右，我们就可以知道这次数学改革的成果如何了。

因此，这次数学教育单摆返回从前的老路并不奇怪，尤其是当年发起改革的领军人物比尔·盖茨已经退休不管事了，乔布斯也已经去世，恐怕，美国对数学人才的需求，只能继续寄希望于中国和印度了。

美国的SAT考试为什么又要修改

美国的SAT考试即将有重大的改变。根据美国大学理事会的最新消息，从2016年春季开始，SAT考试将有若干重大的改动，最重要的改动包括如下几点。

第一，满分从目前的2400分恢复为1600分。取消作文考试的800分，作文变成选考的科目。考试从目前的阅读、作文、数学三科变成阅读和数学两科。

第二，不再考语法。

第三，不再考冷僻的英语单词，改为考现实生活中使用频度高的单词。

第四，数学的范围变窄。集中考分数、百分数、单位转换这些“实用”的内容和线性方程、方程组这些简单的初等代数问题。

第五，会考查美国的立国经典、总统语录之类的有关“美国政治”的内容。

第六，取消答错题倒扣分的规则。

据美国大学理事会所说，作出上述重要改变的理由是他们经过研究发现，SAT成绩高的学生中只有43%的人是真正具备在大学学习的知识基础的。越来越多的学生是通过补习班掌握了考试技巧而得到高分的，其实他们的能力并不强。另外，一些贫困生和少数民族学生因为没钱上补习班，导致SAT成绩不高，失去了上大学的机会。

我认为，大学理事会针对SAT的这一轮改变，是一种避免过多亚裔学生进入美国大学的新的歧视方式。

根据统计，亚裔人口只占美国总人口的5%，然而，常春藤盟校中亚裔学生占到了12%到18%；在亚裔人口众多的加州，加州大学里面的亚裔超过40%。全美有名的重点公立高中，比如纽约的史岱文森高中、旧金山的洛厄尔高中，亚裔学生占了40%—70%。在美国，如果你拥有一个亚裔的姓，想要进入美国的名牌大学，就要比其他学生的成就高很多才能被录取，这已经不是秘密了。

20世纪20年代，因为犹太学生的成绩非常好，于是，美国的名牌大学便设置了一些诸如“素质”、“领导才能”之类模糊的要求，旨在防止过多犹太人进入名校，威胁到其他白人子弟的社会地位。这种针对犹太子弟设置配额的做法一直到20世纪60年代才慢慢被取消。现在，美国的名牌大学开始针对亚裔学生设置藩篱，得到了更广泛的支持。因为犹太人到底从外表上看还是像白人，可是大学里面亚裔学生太多，会造成其他族裔的恐慌。

美国大学理事会希望利用法律手段减少大学里亚裔学生的数量的努力一直没停止过。最新的尝试是加州的第五修宪案，希望通过改写加州宪法从而增加非洲裔和拉丁裔学生在大学的比例。目前，这个充满歧视的法案在全加州的亚裔，特别是华裔的强烈反对下被暂时搁置。

大学理事会对SAT的这次改变，主要也是针对亚裔学生，尤其是针对大量涌进美国的中国留学生。

第一，“背单词”、“记语法”一直都是中国留学生的强项。美国的中小学英语课基本没怎么教语法。美国的高中英语老师，假如不是学ESL（English as a Second Language，英语为第二语言）教育出身的人，很多都不知道“动名词”、“不定式”、“定语从句”、“虚拟语态”这些中国学生熟悉得不得了的语法名词。美国学生也根本没有背单词的习惯。在冷僻的英语单词面前，无论是在美国还是在中国出生的学生都看不懂，这样，能背的中国学生自然不占优势。不考单词和语法，就让亚裔学生的优势消失了。

第二，“考试技巧”也是中国学生的强项。中国学生最拿手的就是考试了。记得我刚到美国时，申请进大学读研究生要考托福，面对试卷，很多题目我只看过选项就知道出题的人究竟想问什么了，连题目都不必细看，结果分数高得离谱。面对“掌握考试技巧”的中国学生，那些从来没有受过任何考试训练的美国人，真的是弱爆了。于是，“取消倒扣分”无形中就给了“猜答案”的人追上学霸的机会了。

第三，亚裔学生的数学好是世界公认的。美国大学理事会把从前从初等代数、几何一直考到高等代数的内容，减少到最多只是初等代数的内容（相当于中国初中二年级的数学程度），美其名曰“范围变窄，难度加深”，事实上却是骗不了人的，目的就是降低难度，让亚裔学生没有一枝独秀的机会（大家都能做对了，你就没有表现突出的机会了）。

第四，正如在中国学习的美国学生不会学习“三个代表”、“科学发展观”等具有中国特色的政治内容一样，中国学生也不会在美国学校学习《独立宣言》《人权法案》这样的美国政治经典。考这些纯美式的政治经典，就如同让美国学生在考中国大学的时候默写“八荣八耻”，中国留学生面对这样的试题，肯定是输得一塌糊涂，大概直接就被淘汰掉了。

第五，中国留学生最弱的项目就是英语写作。大部分在中国受教育的人都不太会写议论文，更不用说用英语写了。现在，新SAT写作的考试要求是，通过阅读文献、分析文献提出自己的观点，或使用文献中的论点来支持或者反驳某个观点。在中国的高中语文课里面缺乏这类写作方式的训练，这样，选择了考写作的其他族裔学生的成绩可能就会比中国学生高了。

总而言之，我感觉美国大学理事会这次对SAT的改变，首先是针对中国留学生的，其次是针对成绩一向很好的美国亚裔学生的。所以，国内的培训机构、国际学校，可能又要忙一阵子了！

第六章

我眼中的中国教育

从一篇博文引发的争议说开去

最近，我在新浪博客上发了一篇我的学生写的关于中国人排队买奢侈品的作文，引来不少的讨论。从讨论中我忽然发现，跟帖的文字非常有代表性，因为它们很好地反映了当前中国的语文教育存在的问题，那就是：学生普遍阅读理解能力不足，缺乏对作者中心论点进行提炼的训练，缺乏有关评估和反驳能力的写作训练。

我的学生的文章中有一段文字引起了很多人的讨论："美国人对待COACH（蔻驰，美国高端生活方式时尚品牌）和MK（迈克·科尔斯的简称，是美国的时装品牌）的看法与中国人不同。在美国人眼中，COACH和MK都是一些比较廉价的东西。因为在美国，一个美国人一个月赚2000美元是很普通的事情。一个普通的COACH才200多美元，MK还更便宜一点儿。任何人都不会把一件只需要月工资1/10就能买到的东西当成奢侈品。但是在中国，一般人每月赚2000多元人民币，能赚2000美元月薪的是很高层的白领了。要不吃不喝用一个月的工资去买一个东西，当然是奢侈品。

中国的语文教育对学生阅读理解能力的培养不够。其实，作者想表达的意思非常清楚，就是说：因为美国人的收入比中国人高，所以，中国人认为是"奢侈品"的东西，美国人并不认为是奢侈品。这个根本就是常识。当你钱包里面有1000块钱的时候，当然就不会认为10块钱的东西"很贵"；但是，当你钱包里面只有20块钱时，10块钱的东西对你而言就可能是“奢侈品”。可是，很多跟帖的网友竟然没看懂这个简单的意思，上来就说“赚2000块人民币月薪的中国人没有资格到美国买奢侈品”，或者“中国人绝对不止赚2000块人民币月薪”，或者“底层白领也能赚2000美元月薪”。从评论中我们就可以看出，中国的语文教育并没有系统地训练学生如何通过阅读提示来进行阅读理解，尤其是议论性和逻辑性强的文字，学生必须学会通过文字的表面了解深层的意思。从这几个评论我们发现，跟帖的人甚至连文字的表面意思都没了解（比如，文章里面根本就没有说赚2000块人民币月薪的中国人没有资格到美国买奢侈品），更加不用说理解作者通过类比和举例来阐述观点的技巧了。国内教师对学生阅读理解能力的培养不足，导致很多国内的网友在阅读的时候没有理解别人说什么，就开始发表毫无意义的评论（比如，在这段文字中，中国人普遍赚多少钱月薪根本就不是讨论的重点）。

由于中国的语文教育不强调培养学生的批判性思维能力，老师当然就没有必要去训练学生提炼作者在一篇文章中的中心论点的能力。很可能在讲课的时候，老师将某篇文章的中心论点直接讲出来，让学生背熟，考试能答对就好了，根本就不需要学生自己去找出来中心论点是什么。这样的教学要求，导致很多网友对一篇文章的中心思想（假如没有老师告诉他们的话）完全掌握不了！

我的学生的这段文字，中心论点就是：“一样东西是否属于奢侈品，是由购买的人收入高低来决定的。”这个观点是非常值得争论的。赞成的人可以说：这个观点是正确的，相信中国的马云就不会认为一辆两百万的豪华车是奢侈品。但是反对的人就会说：这个观点是错误的，因为奢侈品的价值并不仅仅体现在价格上。但是，从参加讨论的帖子来看，很少有人找到这段文字的中心论点，然后提出赞同或反对的理由。绝大部分人都只停留在“认识句子中的文字”这个阶段。这跟我长期以来认为的“中国的语文教育，在教会学生学懂了生字词以后，就没有东西教”的看法是一致的。连一段文字的中心论点都没法掌握的学生，怎么能奢望他们去分析、去评估这段文字呢?

中国的语文教育还缺乏让学生做评估和反驳能力方面的训练。对于一篇文章进行评估，需要确定大家接受的评估标准；反驳一篇文章，要注意不要犯逻辑错误。而跟帖的网友，基本可以看出完全没有学过如何评估，因为他们在评论的时候一直在找完全不相干的东西来说（比如说“赚2000块人民币月薪的中国人没资格到美国买奢侈品”之类的话），也没有针对文章中的论点，进行有针对性、有逻辑的反驳。评论中充满了“这个博主是个假洋鬼子”（“假洋鬼子”跟文章的观点正确或错误有什么关系呢？），或者“在美国排队买奢侈品的中国人都是倒爷”（想说明什么？）诸如此类逻辑混乱、不知所云的评论。假如国人在学语文的时候像学数学那样很系统地受到科学的语文训练的话，绝对不会闹出这样的笑话来。

综上所述，通过一篇博文后面的评论，我们很容易看出中国的语文教育跟美国母语教育的差异，就在于中国语文教育缺乏阅读理解方面系统的训练，缺乏确定别人的文章的中心论点的训练，并且缺乏对评估和反驳能力的训练。这些都是包含在美国母语教育的“批判性思维”的训练里面的。在中国中小学各科目教育中，科学和数学教育并不比美国差，有的地方甚至更好，但是，母语教育就落后了一大截。我们从一篇博文后面的评论，就可以看到一些端倪。

从莫言获奖看中国的语文教育

莫言获得了2012年的诺贝尔文学奖。大部分中国人，除了专门研究文学的人之外，都不知道他为什么会获奖。莫言在中国国内出版的作品有很多，在网上任由大家下载的作品也比其他作家多（任何一个小说类的网站，莫言的作品几乎都是最多的，也从来没见莫言向这些网站追究版权）。但是，从网上的言论可以发现，大部分中国人仍然说自己没读过莫言的作品。

我们从来不会因为牛顿力学是外国人牛顿发现的，就不在中学物理课堂上讲牛顿定律；更不会用“我们中国人有我们自己五千年来应用物理原理的传统，因此，我们不必用西方人创造的理论来解释我们自己的物理现象”这样奇怪的论调来拒绝学习普世接受的物理定律和概念。同样，西方人创造的文学理论，不应该只存在于中国大学的西方文学专业课程中。

中国中小学的语文课程，恰恰长期被一种奇怪的论调统治。无论承认与否，“汉语是我们中国人自己的语言，汉语文学是中国人特有的，因此，汉语文学不适用于西方的文学理论”这种奇谈怪论一直存在。其后果就是，中国的语文教育到了初中以后就出现了没有任何文学理论知识可传授的怪现象。要衡量一节语文课是否程度“高”，主要看课文里是否出现很多很难的词语或者是文言词汇，假如学生对课文的字词全都理解了，老师基本可以不教了。于是，在中国的中学语文课堂上，同一篇课文，一百个老师讲授的内容可以有一百样。这在美国，或者全世界任何一个国家的母语课程的课堂上都是不可思议的。无论是在法国或者是美国，无论是使用法语还是英语来讲《项链》这一课，法国或美国的老师都传授同样的知识给学生，要求学生掌握同样的文学理论知识。但是，偏偏在中国的课堂上，同是《项链》这一课，在讲完了生字词和课文的中心思想以后，语文老师就基本没有任何东西可讲了，只能凭自己的知识来自由发挥：或讲资本主义社会如何养成人们的虚荣心，或讲钻石有几个等级，或讲哪里的钻石便宜，或讲求婚的时候要用金戒指还是钻石戒指，或讲那个时代法国人民的生活……有政治，有经济，有科学，有历史知识的传授，偏偏就没有文学知识的传授。

美国的学生从初中开始，就读作家的原著。到了高中，在接触了更多、更深层次的文学理论后，学生们开始读更多作家的原著，对于美国现当代作家的作品和风格都有了比较系统的认识。即使是上过我们学校中国文学课的学生，对于现代和当代作家的作品也都有比较系统的了解。

知道一个作家，不仅仅是听说过他的作品，更关键的是知道他的作品为什么好，好在什么地方，为什么他会出名，是因为内容还是因为表达方式出名。中国有不少作家，尤其是20世纪80年代的作家，是因为作品内容而不是独特的表达方式而成名的。中国普通大众由于长期缺乏文学理论的教育，因此更能接受内容的影响。比如，“伤痕文学”因为其内容的独特性，变成了一个火爆的流派，在同一个时期，王蒙在写意识流，却几乎没什么人关注（尽管他因为《坚硬的稀粥》和《春之声》得到不少关注，但仍然是关注内容而非关注表达技巧）。

希望这次莫言获奖，能提醒中国语文教育界，是时候让中国学生接受普世公认的文学理论了。只有掌握了共同的理论语言，我们才有资格应用、创造、分析、评价文学。到那个时候，我们社会大众的文学素质才会进入一个新的阶段。

中国学生缺乏创新能力的教育吗

国内的教育界基本上同意的一个观点，是中国的学生缺乏创新能力的教育。在应试教育的环境下，中国学生从小就学习如何把老师教的答案背熟，如何应试，以考上高中和大学，于是跟国外（如美国）的学生相比，几乎没有任何独创精神，也没有创造力。中国提倡“素质教育”的一个主要原因，就是希望能让中国的学生有像国外学生一样的创造力和创新精神。

我不同意这个观点。我认为，中国的基础教育在系统地提供基础知识方面，除了个别科目外，一点儿也不比美国差，甚至某些科目比美国要好得多。而培养创新能力的基础，是扎实的学术基础。我认为，中国学生缺乏创新能力的原因，并不是他们缺乏创新教育，而是以下两个原因：第一，缺乏一个容许创新能力表现的环境和空间；第二，缺乏如何表达创新能力的形式训练。

一

要让一个学生有创新能力，扎实的学术基础是第一位的。很难想象一个连四则运算都不会的人，如何能在数学的数论领域有什么“发明”和“创造”。美国的公立中小学长期以来没有课程标准，没有考试，老师喜欢教什么就教什么。到了最近几年才出现标准化的浪潮，出现统考，甚至出现全国统一的课程标准。但是，50% 以上的公立学校仍然处于几个学生在课堂上造反，老师就无法教书的局面，这在中国的公立学校大概是不可想象的吧！

在提供扎实的学术基础方面，中国的基础教育做得并不比美国差。中国的学生从初中开始就系统地学习物理和化学，而美国的学生到了高中的第二或者第三年才有化学这门课，而且还不是必修课；物理是高中第三或者第四年才有资格上的课程，很多高中根本就没有开物理这门课！能参加国际奥林匹克数学、化学或者物理竞赛的美国学生，基本都是私立中学的学生和几个重点公立高中的学生。大部分的公立学校学生，连听都没有听说过有这样的竞赛，更不用说去参加了。这跟中国铺天盖地、到处都有的“奥数”教材和训练班相比，真是不可同日而语。

美国的英特尔科学奖，素有“小诺贝尔奖”之称，是鼓励中学生在人文科学和理工科学方面创造性的大型奖项。2015 年，全美国有三千多名学生寄出他们的论文参加评奖，最后有一千多名入围决赛的学生，其中有三百多名学生是华裔，在这三百多名华裔学生中，竟然超过 70% 是来自中国大陆的新移民（也就是移民来到美国不到三年的学生）。

英特尔科学奖是美国最重视创新能力的奖项了，可是，入围的华裔竟然绝大多数是来自中国大陆的新移民，我们总不能说，美国的“创新教育”神奇到这个地步，可以在一年到三年的时间里，就把这些中国来的新移民教成“创新能手”吧？要是真的那么神奇，按道理说在美国本土出生并接受教育的华裔应该接受创新教育的时间更长，素质更高才对，怎么就赢不了这个重视创新能力的奖呢？

假如我们细心研究一下入围的得奖人的论文，会发现一个有趣的现象：来自中国的新移民得奖人，很少有人是因生物或社会科学（历史、经济、政治、哲学、心理）方面的研究而入围的。这跟中国的基础教育中，生物学和社会科学落后于美国的情况十分吻合。换句话说，基础知识强，创新能力就强。中国的高中生没有学过经济学理论，基本没有学过除了马克思主义哲学以外的任何哲学思想，没有学过心理学，因此，跟美国的高中生无法竞争，这是不奇怪的。中国的高中生学的生物学知识远比美国的高中生少，实验水平也远低于美国的高中生，自然无法跟人家竞争。

二

从上面的论述我们已经可以发现，中国的基础教育中凡是做得比美国好的地方，在美国的中国学生的创新能力都比美国学生强。那么，为什么我们会发现中国的学生普遍创新能力仍然是比美国学生差呢？比如，国际的学生工程大奖（International Science and Engineering Fairs），中国有几十个学生入围，已经是亚洲最好的成绩了，可是美国却有一千多个学生入围。难道这不能证明中国缺乏创新教育吗？

这个结论是片面的。中国缺的，不是形式上的创新教育。

首先，中国缺少的是一个容许创新能力表现出来的环境和空间。中国的社会是崇尚集体主义的，任何出格的东西都会被社会排斥。这跟崇尚个人主义的美国不同，在美国，不出格就没有个性，也就无法赢得别人的尊重。因此，美国的高中生用“社会上美女越来越多”的现象来解释进化论也可以拿到80分，在中国的话，作出同样解释的学生肯定不会及格。中国的学生写作文，无论是什么题目，基本的要求都肯定是“主题鲜明，思想健康”。因此，无论老师们如何苦口婆心地告诉学生“我手写我心”，学生们写出来的东西仍旧是假大空。因为“主题无厘头”、“思想不先进”的东西，老师无法接受。

有一年的英特尔科学奖，旧金山有一个来自广州，移民到美国才一年多的高中生入围。他的论文内容是建议修改电磁学的国际单位。他刚接触高中物理，父母文化水平不高，根本就无法辅导他，他就把自己的想法跟物理老师说了，物理老师马上鼓励他深入研究，并告诉他可以参考什么书，到什么地方找资料，到哪所大学旁听。

其次，中国还缺乏让学生正确地、有效率地表达自己的创新能力的言语形式方面的训练。

在提到美国的“素质教育”的时候，很多人都会提到美国的老师如何让小学二年级的学生写诸如“第二次世界大战的成因”、“人类文明的启示”等连中国的大学教授都感觉头疼的东西，好像美国的创新教育就是整天让学生捣鼓论文，做实验，做社会调查。假如中国也“创新”的话，也让小学生做实验、写论文不就得了？

其实，对“创新教育”的这种理解是非常片面的。美国教师给学生布置这些作业的目的不是真的要让学生有什么划时代的发现，而是让他们练习言语表达的格式——如何通过恰当的格式，把自己想表达的东西标准地、有效率地表达出来。

美国的中小学教育强调除了文学艺术创作以外的所有作品，都必须以严格规范的格式表达。读书报告是怎样的格式，研究论文是怎样的格式，定义性议论文、对比性议论文、分析性议论文、反驳性议论文、评估性议论文……各有各的格式，格式若错了，内容无论多高明都不会得高分。

然而，中国目前绝大部分的老师仍然无法接受学生需要言语形式训练的观点，认为这会限制学生的创造性。他们忘记了诗歌、散文、小说之类的文学创作只占教育的一小部分，忘记了学生毕业后写论文或者写一篇可行性报告的机会，会比写首诗歌到报刊上发表的机会多得多。最奇怪的是，中国的老师仍然相信学生的创造力是可以通过“感悟”获得的，“悟”出来以后，自然就会表达。

综上所述，中国的基础教育其实并不缺乏所谓的“创新教育”，缺乏的是容许创新的环境和空间，缺乏的是有效而恰当地表达创新思想的言语形式训练。只要有坚实的基础知识，加以适当的言语表达方面的训练，在一个宽松、鼓励创新的环境里面，学生就可能成为一个创新型的人才。

追逐高学历不是造成应试教育的根源

在美国，越是专业性强的行业，对文凭的要求越高，很多行业，只有文凭和学历还不够，还要求有执照。比如药剂师、理发师、教师、地产经纪人、股票经纪人等，美国都要求严格的行业考核，要求从业人员有相应的文凭和执照，更不用说医生、律师、会计师这些公认高级的专业了。但是，对文凭和执照要求如此严格的美国，却没有形成像中国那样的应试教育。为什么？我认为原因有以下几条。

第一，美国人少，不像中国人那么多，竞争那样激烈。

第二，大家可以想想：在中国，哪些职位最看重文凭？哪些职位竞争最激烈？不难发现，最看重文凭、竞争最激烈的职位都具有工资高、福利好、相对稳定的特点。

在美国，最看重文凭的职位，除了不一定“相对稳定”以外，另外两个特点都是一样的。按照道理，美国人也应该一切向文凭看才对，为什么没有发生那样的情形呢？

首先，中国大部分工作的工资都是属于“勉强糊口”的，想过好一点儿的生活，或者有很多的积蓄，是很难的。可是，美国大部分工作的工资，都是属于“中等以上”水平的（低收入水平的人，政府会给各种救济）。因此，一个在超级市场切肉的工人，也可以很轻松地跟他的老板一样，开一辆奔驰轿车上班，只不过要买这辆奔驰轿车，他得存一年的钱，而他的老板存一个月的钱就够了。市长的收入，可能跟给他打扫办公室的清洁工差不多；而一位电脑工程师的收入，不会比为他修车的工人或者到他的办公室修理复印机的人高。当整个社会的贫富差距不是非常悬殊，大家差不多都能过上中等以上水平的生活的时候，一年收入有十万美元的人，跟一年收入五万美元的人过的生活其实差别不大。

其次，美国的社会保障远比中国完善，美国人没有必要为了获得足够的生活保障而尽最大的努力去争取最高的收入。美国人读公立中小学一分钱都不用交，很多学生还享受免费早餐或者午餐，课本也是不用花钱买的。另外，还可以用相当于读正规大学 1/10 的价钱在社区大学读大学一年级和二年级，然后转学到正规大学读剩下的两年，这样可以省很多钱。中国虽然 9 年义务教育阶段不交学费，但读中小学还是要交一点儿被称为各种“费”的钱，读好学校要交的钱更多。大学的学费相对平均收入来看，更是比发达国家贵。很多美国人平时会买医疗保险，有病医疗保险支付。买不起医疗保险的穷人，得了大病很多时候是政府埋单。中国的医疗体系不完善，假如得了大病，多年的积蓄可能在短时间内花光。

所以，社会的“唯文凭论”，或者教育体制、社会用人体制等，都不是造成当前中国社会“应试教育”的根源。只要我们对比一下中国和美国的社会现状就会发现，“应试教育”其实是跟人口数量和整个社会的经济状况有关的。在教育上做任何的改革，包括“素质教育”、“减负”、“新课程”等，都无法从根本上消除社会对应试的要求，从而很难改变“应试”的状况和由此导致的一系列负面后果。

由科学家到中学作报告想到的

从前在国内读小学、中学的时候，学校时不时会召集学习好的同学去礼堂听科学家作报告。我们远远地望着这些科学家，十分崇拜。他们讲的东西没有什么实质内容，全是告诉我们应该努力学习，将来为国家作贡献之类翻来覆去的套话，要不然就是如何死背单词、死记公式之类的错误的学习方法。总之，给我们的印象就是，只要把老师讲的每一句话都背熟了，把课本全背熟了，考试考了高分，自然就能当科学家了。

在美国，科学家好像没有国内的那些科学家那么值钱，不必召集很多学校里的好学生去听科学家讲课。一所普通中学也能请个科学家来给学生讲课，而且还可以规定主题。

我们请过发现 DNA 双螺旋分子结构的诺贝尔奖得主詹姆斯·沃森教授来作报告。这位科学家可是全世界知名的，几乎所有的生物教科书上都有他的名字和他的发现。可是，我们给他规定的主题不是讲 DNA 的结构是什么（因为课本都有，不用他讲），我们让他说说那段历史，说说他是如何悟出 DNA 分子结构的。

沃森博士说，他其实不配拿 1962 年那个诺贝尔奖，那个奖应该是罗莎琳德·富兰克林（Rosalind Franklin）拿才对，因为她用 X 射线衍射法把 DNA 分子的样子都照出来了。他当时研究的是细菌的性行为，跟弗朗西斯·克里克（Francis Crick）一起研究 DNA，纯粹是因为看上了剑桥的一个 54 岁的美女。然后他话题一转，说未来人类必须用基因工程把所有刚出生的女孩都塑造成美女，这样就不会有那么多丑的人到处走了，也不会让美女变成稀有动物。

一个多小时的报告大家听得入神，不但把科学家做研究时的想法和挫折记得牢牢的，还顺带着了解了科学家的出位言论。

“只要喜欢，只要有从心里面产生出来的爱好，人人都可以拿诺贝尔奖。”沃森最后这样告诉大家。他说自己上大学的时候非常懒，不做作业，但对于病毒、细菌和细胞方面的知识却是非常感兴趣，经常利用休息时间去探索。他并没有告诉大家只要死背公式就可以成功。

曾来我们学校作报告的另外一位科学家是 1983 年诺贝尔化学奖的得主亨利·陶布（Henry Taube）博士。他现在已经去世了。这位科学家讲的是他刚从加拿大移民到美国时很多不习惯的地方，还讲了一些日常的小笑话。大家觉得科学家不是神，也是一个普通人，一个很可爱的老人。他用非常浅显的道理讲他的得奖发明，讲他怎么样用直接计算法计算电子在光合作用里面的运动方式，不必用高等数学，任何懂对数和三角函数的中学生都会计算。

“看，很容易。你们也能拿诺贝尔奖！”

一个学生说：“您是斯坦福大学的教授，您算出来了，人家当然说是您的大发明。假如我算出来了，谁理睬啊？”

“只要符合科学的定义，再无名的人创造的东西，科学界都会认真对待。现在我们有那么多的专业期刊，就是给无名科学家发表论文用的——当然，你的东西必须是科学而不是想象。”

想起在国内读大学的时候，系里面稍微有点儿名气的教授，想见一面都不容易，更别说给我们上课了。

或许，这就是我们跟人家的差距？

中国的英语教学改革该往何处去

2014年，北京准备降低英语高考的分值，江苏准备让英语“滚出高考”，山东取消英语高考的听力部分……各地一波波的高考改革，全都拿英语开刀。看得出来，中国的英语教育是要进行大刀阔斧的改革了。

对于中国英语教育的弊病，相信大家的看法都一样：教育目的就是应试。学生学了十几年英语，基本就是哑巴，听不懂，说不来，缺乏最基本的交流能力。根据相关统计，中国人每年花300亿元学英语，可是无障碍交流者只占学习者总数的5%！可以说，中国的英语教育基本上就是失败的。

网上有不少对失败的中国英语教育的“控诉”，包括留学国外时上课听不懂，说话说不出来，即便说出来了，别人也听不懂。最简单的“How are you doing？”或者“How have you been？”（你最近怎么样啊？）都不知道人家说什么……很少有人会有我那样的经历：第一次到美国，第一次跟美国人聊天的时候不仅感觉没有任何困难，而且还被美国人认为我至少在美国读了初中，否则不会说英文没有口音。

同样是在应试英语教育的环境中出来的人，我没有变成哑巴、聋子，说明在没有语言环境的情况下，也是能学好英语的！问题是，英语教育一定要改革，才能让千万学子不浪费时间和金钱，才能让更多的想学英语的中国人像笔者一样，在出国之前，就成为英语的无障碍交流者。

假如中国的英语教育要改革，应该怎么做？作为从事双语教育多年的教师和学者，我想提几条建议。

第一，学英语并不是年龄越小越好！十岁以下就开始学，跟十岁才开始学，结果是差不多的，甚至很小就开始学的人，会因为遗忘而浪费了从小学习投入的时间跟金钱，或者因为跟拼音混淆而产生阅读上的障碍。大量研究证明：母语基础扎实的人，学外语也比别人学得快、学得好。因此，北京有关方面正在讨论小学一二年级应停止开设英语课，这是非常正确的。

第二，儿童学习外语跟成年人是完全不同的。成年人已经有了母语的基础，假如在学习外语的时候跟母语做对比，使用相似的语法规则会促进对外语的理解。但是，儿童在学习外语的时候，假如使用“翻译法”，也就是“用中文来教英语”的方式，会事倍功半，甚至完全学不会。儿童学习外语，应使用自然获得法，就跟他们小时候学说话一样。婴儿学说话的时候并不需要“背单词”，更不需要“学语法规则”！

第三，中国的英语课本必须改革。首先，不可以有汉字在里面！世界上大部分国家教外国人学英语的课本，都没有除了英语以外的文字，为什么中国的英语课本例外？其次，不要教“中国课本式”英语！在美国，所有教美国学生学汉语的课本都把场景放在中国，从一个美国人到中国学怎么打招呼，怎么跟中国的学生相处，怎么上课，怎么坐公交车等教起，全都是在中国发生的事情。可是，中国的英语课本为什么不敢写一个中国学生到了美国，学习怎么打招呼，学习怎么样过美国生活？难道学习一门语言，不应学习人家的文化和生活用语吗？

第四，中国的英语教学方式必须彻底改革。“沉浸式”教育方式是目前最先进的外语教学方式。这种方式使用外语来教除语言以外的科目，比如数学、生物、物理、化学、地理等，让学生能带着需要来学习语言，用学科知识帮助学术语言的学习。这样，中国学生就再也不会到了美国的大学上课，连最基本的“斜率”、“长方体”、“分数线”的英语怎么说都不知道。因此，真正的“外国语学校”、“国际学校”、“双语学校”、“双语幼儿园”之类，不是有几个白人在那里摆着做样子就是“外国语”或者“双语”了，而是要看他们能开几节非英语的课（数学、物理、化学、生物之类），有几节课是完全用英语来讲授的。

第五，按照“沉浸式”教育的标准，可能很多学校没法开设英语课。其实，我们必须了解，并不是所有人都一定要从小学习英语的。与其让全国学生费时、费力、费钱陪小部分将来要出国的人学习英语，不如各地的教育管理机关严格认证能够使用全英文课本、全英文授课的重点学校才允许开设英语课，其他不符合要求的学校和补习机构都不许开设英语课，高考、中考也只把英语（或者其他外语）当作选考而不是必考。这样，国人必将会大大受益，中国的英语教学改革才叫步入正轨了！

中国教师为什么那么累

有位中国老师在网上发表了一个帖子，分析中国教师为什么那么累，列出的其中一条原因是班主任要管的事情特别多，于是累。下面有位网友跟帖说，他们学校规定学生在假期里不许结伴出游，结果有学生顶风作案，班主任第一时间就知道了，于是处罚学生。

看到这里我忽然感到，造成中国的教师那么累的原因之一，是他们心中的条条框框太多了。这种情形，在美国也存在。

旧金山有一所做中文沉浸教育的公立学校，所有的学生（无论他们是什么种族）都从小学进校第一天开始就用沉浸式的办法学汉语，到了八年级初中毕业的时候，所有人都能说一口流利的粤语了。因为要教汉语，学校里的绝大部分老师都是华裔。

由于考取美国加州的教师执照极为困难，所以基本没有从中国大陆移民过去的教师。几乎所有的华裔教师，要么是在美国出生的华裔，要么就是来自中国香港或者台湾地区的移民。

虽然华裔教师的背景十分多元，可是，有一点却是相同的：他们心中的条条框框太多，多到让一些白人家长实在受不了，到了让孩子转学的地步。这些家长认为这些条条框框严重限制了学生的自由发展。

举个例子来说吧。

例一：学生写作文的时候，故事的主人公的名字必须是“正常”的，最好就是“王小明”或者“李华”之类。有个学生写作文用了个名字叫“尤时跳”，还有个学生为了少写笔画，给故事的主人公起了个名字叫“丁一”，都被老师罚。老师除了骂他们“低级趣味”、“不严肃”之外，还罚他们写一百遍“王小明”，目的是让他们知道，起名字起“王小明”是最正常的。其中一位学生到了初中的时候，感觉全班都写“王小明”实在受不了，就写“王中明”，这样也跟其他人不同。结果，又被老师痛骂一顿。“你可以写王大明啊！为什么写王中明？谁会这样起名字的？不正常！”

学生说：“老师，您知道梁中明律师是旧金山最有名的移民律师吗？她天天在电视上做广告。她可以叫‘中明’，为什么‘王中明’就不可以？”

“这……罚抄王小明200遍！”老师回答。

不仅故事的主人公的名字要“正常”，任何名字都必须“正常”，而何谓“正常”，则完全由老师心中的条条框框决定。

例二：造句、写作文不可以无厘头。

小学生学造句，句子中要用“上山”一词。大部分学生写“三三上山又下山”。这基本是照抄课本里面的“王小明上山又下山”，只不过换成了另外一个叫“三三”的孩子的名字而已。有个学生写了“小明上山打牛下山”，立即被老师罚，理由是“调皮捣蛋，为什么要上山打牛？”

初中生以“眼前”为题写作文。大部分学生写要有远大理想，不可以只盯着眼前等内容。某学生开头就写“我一直很好奇，我眼前的睫毛有多少根，我眼前的鼻梁不知道有多重”，于是立即被老师罚，理由是“拿老师出的题目作无厘头猜想”。

例三：在作文中不可以拿大人物开玩笑。

某学生在作文中写：“奥斑马总统跟喜拉狸国务卿一起走出森林访问沙漠国，猴晒嗯国王迎接他们……”

这个学生立即被老师罚留堂并通知家长。

美国已经是“素质教育”的典范，培养学生创造力的“天堂”。据说，美国每年得那么多诺贝尔奖就是因为美国教育很能培养学生的创造力。可是，在美国，某些华裔教师仍然在心中存有如此恐怖的条条框框，相信这些条条框框不少都会被中国教师认同，认为美国的华裔教师的做法是对的。但是，难道这些严重妨碍学生创造力的做法，能提高学生的“素质”，培养未来的诺贝尔奖得主？

中国的老师为什么累？心中的条条框框太多，心累。学生任何不符合老师心中的“标准”的言行，老师都要像保姆那样管，想不累，难矣！

图书在版编目（CIP）数据

给学生无限可能：细说美国教育 / 方帆著 .—北京：中国人民大学出版社，2016.5

ISBN 978-7-300-22817-4

Ⅰ. ①给… Ⅱ. ①方… Ⅲ. ①教育研究—美国 Ⅳ. ① G571.2

中国版本图书馆 CIP 数据核字（2016）第 083339 号

给学生无限可能——细说美国教育

方 帆 著

Gei Xuesheng Wuxian Keneng——Xishuo Meiguo Jiaoyu

出版发行	中国人民大学出版社		
社　　址	北京中关村大街 31 号	邮政编码	100080
电　　话	010-62511242（总编室）		010-62511770（质管部）
	010-82501766（邮购部）		010-62514148（门市部）
	010-62515195（发行公司）		010-62515275（盗版举报）
网　　址	http://www.crup.com.cn		
	http://www.ttrnet.com（人大教研网）		
经　　销	新华书店		
印　　刷	北京东君印刷有限公司		
规　　格	168 mm × 239 mm　16 开本	版　　次	2016 年 6 月第 1 版
印　　张	12.5 插页 1	印　　次	2017 年 9 月第 3 次印刷
字　　数	170 000	定　　价	35.00 元
